KB274532

the 위로
신교횃불

2017년부터 시작된 기적이 상식이 되는 50일의 기도회가 어느 덧 7기를 맞이하게 되었습니다. 5년이라는 시간 속에 하나님은 우리 교회를 파주의 작은 상가 교회에서 김포한강신도시에 부지를 매입하고 새로운 성전을 건축하게 하셨습니다. 그리고 입당 이후 시작된 코로나의 위기는 분명 힘들었지만, 우리에게는 또 다른 영적 근력을 만들어 주는 소중하고 감사한 시간이었습니다. 50일의 기도회를 통해 귀로만 듣던 하나님을 눈으로 보는 은혜가 있었습니다.

예수님께서 승천하시고 50일 후 마가의 다락방에 찾아오신 성령님은 현재에도 동일합니다. 그 동일하신 성령님의 도우심으로 오늘 우리 교회에 기적이 상식이 되는 50일의 기도를 허락하시고 여기까지 이끌어주신 하나님께 감사와 영광을 올려드립니다. 하나님은 불안과 염려로 점철된 곤고한 인생에서 평안과 미래와 희망을 노래하는 하나님의 자녀로 살아가게 하십니다. 우리 인생의 주인이시며 진리가 되시는 하나님은 언제나 옳습니다.

이 책에 수록된 간증의 주인공들에게는 공통점이 있습니다. 그들의 앞에는 어려운 문제가 있었고, 또 힘이 들었습니다. 문제는 분명 우리를 힘들게 합니다. 하지만 그 인내의 시간을 통해 하나님을 만나게 됩니다. 하나님을 더 깊이 알아가게 됩니다. 그리고 하나님은 뜻을 정하는 자들에게 반드시 감당할 힘과 피할 길을 주십니다.

이 간증집은 문제 해결이나 표적을 자랑함이 아니라 하나님이 하나님 되심을 알리고자 함에 있습니다. 문제와 아픔을 통해 우리가 만났던 살아계신 하나님을 증언하고 싶습니다. 신앙은 멈추지 않고 날마다 새롭게 거듭나야 합니다. 하지만 그것은 우리의 힘으로는 불가능합니다. 전적인 하나님의 은혜로만 가능합니다. 이 글을 읽으시는 독자들에게 하나님의 위로와 회복이 함께 흘러가기를 주님의 이름으로 축원합니다.

오라 우리가 여호와께로 돌아가자
여호와께서 우리를 찢으셨으나 도로 낫게 하실 것이요
우리를 치셨으나 싸매어 주실 것임이라
여호와께서 이틀 후에 우리를 살리시며
셋째 날에 우리를 일으키시리니
우리가 그의 앞에서 살리라
그러므로 우리가 여호와를 알자 힘써 여호와를 알자

그의 나타나심은 새벽 빛같이 어김없나니 비와 같이,
땅을 적시는 늦은 비와 같이 우리에게 임하시리라 하니라
(호 6:1-3)

좋은나무교회 담임목사 이 성 현

담임목사 **이 성 현**
고려대 법대를 졸업하고 ㈜한양음반 대표이사로 사회생활을 하던 중
늦은 나이에 부르심을 받아 총신대 신대원(M. div)에서 공부하였습니다.
19년간 파주에서 목회를 하다 2019년 3월 30일 김포한강신도시에서
첫 입당예배를 드리고 지금까지 은혜 가운데 사역하고 있습니다.

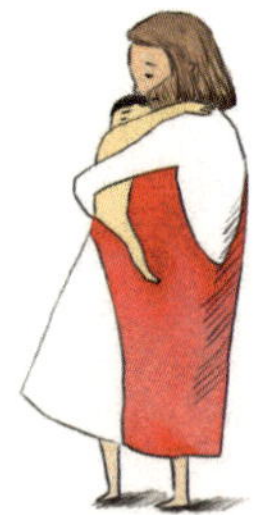

추천사

'인문학을 하나님께' 저자 강남비전교회 한재욱 목사

좋은나무교회 성도들은 복이 있습니다.

"갑돌이와 갑순이는 한마을에 살았더래요. 둘이는 서로서로 사랑을 했더래요. 갑돌이 마음은 갑순이뿐이래요…"

이런 가사로 시작되는 「갑돌이와 갑순이」는 비극을 맞게 됩니다. 이들은 서로 사랑했지만, 서로가 사랑의 마음을 묻지 않았습니다.

"겉으로는 음음음 음음음… 안 그런 척했더래요."

그래서 갑순이는 다른 사람과 시집가고, 갑돌이도 화가 나서 장가를 가고서는 달 보고 울었다는 겁니다.

태초의 인간 아담과 하와도 묻지 않은 죄 때문에 무너졌습니다. 마귀가 선악과를 먹으라는 유혹을 던졌을 때, 하나님께 한 번만이라도 진지하게 묻기만 했어도 하나님을 떠나는 죄에 빠지지 않았을 것입니다. 하나님께 묻지 않고 자기 생각대로 사는 삶, 자기가 왕이 되어 사는 삶이 가장 큰 죄입니다. 하나님께 묻고 대화하는 것을 기도라고 합니다.

좋은나무교회 성도들은 복이 있습니다. 늘 기도하며 하나님과 대화하여 하나님의 마음을 깨달으니 말입니다.

나관중의 《삼국지(三國志)》에 보면 제갈공명이 사마의(司馬懿)의 군대를 몰아넣고 화공(火攻)으로 전멸시키려는 이야기가 나옵니다. 그 순간 하늘에서 비가 쏟아져 일을 그르치게 됩니다. 그때 제갈공명은 하늘을 바라보며 유명한 탄식을 합니다.

"사람이 일을 꾸미지만 일을 성공시키는 것은 하늘의 뜻이구나(謀事在人 成事在天)"

인간 최고의 지략을 상징하는 제갈공명도 '하늘의 도움' 없이는 그 어떤 일도 될 수 없음을 고백한 것입니다. 노력만으로는 안 됩니다. 하나님의 도우심이 절대적입니다.

좋은나무교회 성도들은 복이 있습니다. 늘 기도하며 사람의 힘을 넘는 하나님의 도움을 받으니 말입니다.

고(故) 삼성 그룹 이건희 회장이 2002년 이런 말을 했습니다. "1명의 천재가 1만 명을 먹여 살린다." 0.001%의 천재가 99.999%의 사람들을 먹여 살린다는 주장입니다. 당시 이 말과 함께 '천재 경영론'이 화두가 되었습니다. 다 옳지는 않지만 일면 일리가 있는 말입니다. 하나님 나라에도 1만 명 이상에게 힘과 용기를 주는 천재가 있습니다. 바로 "기도하는 사람"입니다.

영국에 메리 튜더라는 여왕이 있었습니다. 그가 얼마나 많은 그리스도인을 핍박하고 죽였는지 '피의 여왕 메리'라고 불릴 정도였습니다. 그런데 그녀조차도 존 낙스만큼은 두려워했습니다. 존 낙스는 "기도하는 한 사람이 기도 없는 한 민족보다 강하다"고 외치며, 나라와 민족을 위해 기도한 종교개혁가입니다. 메리 여왕은 "존 낙스 한 사람의 기도가 수십만의 군대보다 더 두렵다"고 말할 정도였습니다. 기도하는 사람은 1만 명 이상을 살리는 하나님 나라의 천재입니다.

좋은나무교회 성도들은 복이 있습니다. 기도의 천재들로 많은 영혼을 위한 복의 통로가 되니 말입니다.

"이르시되 기도 외에 다른 것으로는 이런 종류가 나갈 수 없느니라 하시니라"(막 9:29)

추천사

목회컨설팅연구소 소장 김성진 목사

신앙은 변화이며,
수많은 간증들이 이어지는 삶의 여정입니다.

교회의 생명력은,
교회의 머리 되신 예수 그리스도가 주인 되시며,
주님의 임재와 역사로 더욱 강화됩니다.

주님의 임재와 역사는,
성도들 각자의 삶 속에 나타나는
영적 성숙과 진보로 증명됩니다.

간증이 있다는 것은
살아있는 신앙이 있다는 것이며,
내 안에 생명이
삶 속에서 증거로 나타나는 것입니다.

더 나아가 삶의 테두리가 변화되고,
환경이 변화되고,
많은 이들이
살아계신 하나님을 보게 됩니다.

이것이 바로
하나님께 영광을 돌리는
진정한 예배자의 삶일 것입니다.

하나님의 살아계심을 증거하는
역사들이 가득히 실려있는 이 간증집은
우리의 영혼을 풍성하게 하며,
하나님의 실존을 인식하고
믿음으로 행하게 하며,
나아가 간증자들의 삶뿐 아니라,
독자들의 삶 속에도 동일한 역사를
경험하게 될 것입니다.

하나님을 향한 사랑과
주의 몸 되신 교회를 위하여
수고와 헌신을 다하시는
담임목사님과 사모님의 영적 섬김과

성도들의 하나님을 향한 사랑의 마음이 가득 실린
좋은나무교회 간증집 출간을 진심으로 축하드리며,
모든 간증의 주인 되시는 주님께 영광과 감사를 올려드립니다.

이 간증집을 통해 독자들의 삶에
살아계신 하나님의 동일한 역사와 신실한 신앙이 뿌리내리기를
바랍니다.
더 나아가 우리들의 삶 속에 역사하신 하나님 이야기로 풍성한
열매를 거두길 바랍니다.
좋은나무교회에 빚어진 귀한 열매들이 또다시 나누어지길 소망
합니다.

추천사

대신호서총회장, 송도가나안교회 **김의철** 목사

믿음은 보이지 않는 하나님의 말씀을 보이는 말씀으로 전환시키는 것입니다. 예수를 믿기 전과 예수 믿은 후가 달라져야 합니다. 교회 나오기 전과 교회 나온 후가 달라져야 합니다. 어둠에서 빛으로 바뀌는 것입니다. 이렇게 믿음은 예수님과 생명적 작용이 나타나는 것입니다.

교회가 교회 되려면 진리의 가치를 지켜내야 합니다. 타협하면 안 됩니다. 진정한 영의 사람은 세상을 얻기 위해 하나님을 필요로 하는 것이 아니라 하나님 그 자체를 필요로 하는 것입니다. 하나님 그 자체가 내 생명이고 평안이기에 하나님을 예배하고 영광 돌리는 것이 내 삶의 이유가 되는 것입니다. 이 가치는 하나님을 경험한 사람만이 고백할 수 있습니다. 배움으로도 얻을 수가 없습니다.

하나님의 은혜에 대해 갈증을 느끼는 것은 축복 중의 축복입니다. 모든 기적의 시작은 견딜 수 없는 목마름으로 하나님을 갈

망할 때 일어납니다. 하나님은 갈급한 자, 부르짖는 자를 만나주십니다. 초대교회는 그 갈증으로 인해 시작되었습니다. 당시의 그들은 성령도 몰랐으며 어떤 논리도 가르침도 없었습니다. 오직 갈급함만으로 매일매일 목숨 걸고 모였으며 50일이 되자 불같은 성령이 임했습니다.

기적이 상식이 되는 50일의 기도회는 하나님 앞에 무릎을 꿇는 것입니다. 하나님을 내 삶 가운데 초청하는 것입니다. 이 책은 주님에 대한 목마름을 채운 간증의 이야기입니다. 세상이 아닌 성령님의 손을 잡고 가는 이야기입니다. 살아 역사하시는 하나님, 일하시는 하나님, 내 삶 속에 들어오시는 하나님을 경험한 이야기입니다.

예배를 구경하러 오는 성도들이 많아지는 이 슬픈 세대에게 좋은나무교회 성도님들의 이 간증이 신앙의 터닝포인트가 되기를 원합니다. 방전되고 탈진하여 표류하는 당신에게 이 책을 추천합니다.

추천사

제자옥한흠, 부활그증거 감독 **김상철** 목사

복음이 보편적이고 대중적이어야 한다는 점은 옳은 판단입니다. 왜냐하면 예수님을 믿지 않는 사람들도 복음을 들어야 했기 때문입니다. 하지만 복음을 들으면 늘 선택을 해야만 했습니다. 그 선택은 5:5가 아니며 9:1도 아닌 10:0 전적인 믿음을 요구했습니다. 그래서 복음은 타협이 없다는 점에 동의합니다.

좋은나무교회 이성현 목사님은 분명한 선택을 하도록 인도하는 목회자임이 분명합니다. 왜냐하면 간증을 읽으면서 좋은나무교회 성도들이 자신을 증명(증거)하는 것이 아니라 모두 하나님을 증명(증거)하고 있기 때문이었습니다. 우리가 복음을 바로 믿으면 반드시 주인이 바뀌는 역사를 경험하는데 그런 분들이 모인 교회는 진정으로 초대교회와 같은 교회입니다.

기적이 상식이 되는 50일의 기도, 인생의 주인이신 예수님을 만난 이야기…… 처절한 바닥에서 만났던 주님의 이야기…… 신유의 은사와 치유의 기적이 일어나는 현장. 그 감격스러운 모습

이 프레임으로 연결된 한 편의 영화 같았습니다. 이 간증이 예수
님을 알지 못하거나 믿지 못하는 이들에게 꼭 전해지면 좋겠습
니다.

그리고 어떤 간증은 비록 짧은 글이지만 읽으며 눈물이 그치
지 않았습니다. 길지 않은 간증이 그토록 감동적인 이유는 고통
이 위장된 하나님의 축복이라는 점이 깨달아졌기 때문이었습니
다. 간증을 쓰신 분들을 주님의 이름으로 축복합니다. 그리고 이
렇게 귀한 생명의 간증을 읽게 된 일을 주님께 감사드리며 많은
분들이 부활의 증인들이 남기는 이 간증을 꼭 읽으시면 좋겠습
니다.

추천사

판교 심플교회 양순모 목사

각자가 꿈꾸는 교회는 많다. "이런 교회가 되고 싶다. 저런 교회가 되고 싶다." 그러나 그 꿈을 하나로 모으는 교회는 시대에 찾아보기 어렵다.

모두가 원하나 모두가 이룰 수 없는 것이 하나 됨이다. 그만큼 사람의 힘으로는 불가능하다. 그러나 좋은나무교회는 그 어려운 일을 해냈고 지금도 그 역사를 써가고 있다. 이성현 담임목사님의 간증과 좋은나무교회 성도들의 간증을 읽다 보니, 그들의 어려웠던 삶의 순간들이 하나님의 함께하심으로 바뀌는 것을 보게 된다. 이것이 교회이다.

교회는 하나님의 스토리가 있다. 그러나 얼마나 많은 교회들이 간증을 잃어버렸는가. 성도 각자가 삶 속에서 하나님의 노래가 되어 담임 목사님과 함께 울고 웃으며 지켜왔던 그들의 터전이 지금은 하나님의 꿈이 되어 세상의 빛과 소금과 같은 교회로 성장해 간다. 과거의 삶이 현재의 삶을 증명하는 교회. 그곳이

좋은나무교회이다. 성도들의 삶을 통해 세상은 주님을 보게 될
것이다.

좋은나무 교회가 존재하기에 주님 오시는 그날까지 복음은 계
속 확장되고 증명될 것이다.

추천사

찬양사역자 김석균 목사

고난과 시련은 마음 속 깊숙이 자리 잡은
은혜의 저수지에 믿음의 뿌리를 내리게 만든다.
그리고 그 믿음은 욥의 고백(욥기 1장 21절)처럼
위대한 찬양을 하게 만든다.

삶의 간증이 찬양으로 표현될 때 큰 감동을 준다.
광야를 지난 후 부르는 찬양은 그래서 은혜가 넘친다.
그때 부르는 찬양의 가사 한 소절 안에
하나님의 사랑을 다 담을 수가 없고
주님으로부터 받은 위로를 다 표현할 수 없기에
찬양을 부를 때마다 눈물이 흘러내리는 것이다.

좋은나무교회 성도님들의 삶의 간증이 찬양이 되어
세상을 바꾸는 아름다운 발걸음이 되길 바라며
이 책을 추천한다.

극동방송 좋은아침입니다 진행
포항극동방송 송옥석 지사장

웃고 있지만 근심이 있고, 즐거운 것 같지만 허무함이 가득하며, 상황에서 오는 두려움으로 모든 것이 낙심될 때가 있습니다. 이때 주님의 따뜻한 음성이 필요합니다. 왜냐하면 하나님의 위로는 우리가 가장 포기하고 싶은 그때, 나를 한 번 더 일어서게 하기 때문입니다.

저는 이번 좋은나무교회 성도님들이 50일 동안 기도하며 체험한 간증들을 통해 저도 하나님의 위로를 느끼게 되었고, 존경하는 이성현 목사님이 왜 그토록 50일 기도에 정성을 쏟는지도 다시 한번 알게 되었습니다.

책을 읽어 내려가며 이런 마음이 들었습니다.

[위기일 때 가장 큰 위로는 기도이고, 가장 큰 지혜도 기도이다.]

여러분도 오늘 이 책의 간증을 통해 새로운 마음을 느낄 것입니다. 분명 위로받을 것입니다. 삶의 고난이 내 몸과 마음을 마비시킬지라도, 주님의 살아계심을 느끼는 위로의 순간을 경험하십시오.

사모다움 선교회 대표 **하귀선** 사모

날아다니는 새들을 보면 상처 없는 새가 없고 걸어 다니는 사람마다 사연 없는 사람이 없지요.

평소 오라버니라 부르며 따르는 이성현 목사님과 가족 같은 성도님들과의 인연이 있어 좋은나무교회 가족들의 간증이 더 큰 감동으로 다가왔습니다.

성령의 감동과 탁월한 필력으로 써 내려간 인생 드라마의 간증은 누구도 흉내 낼 수 없는 보석입니다.

건강한 교회와 병든 교회를 알 수 있는 가장 쉬운 방법은 교회 공동체 사람들의 말을 들어보면 알 수 있다고 합니다. 원망과 불평을 통해 공동체를 깨뜨리는 것이 마귀의 속성인데, 좋은나무교회는 기쁨과 감사로 하나가 되어 수많은 간증을 쏟아내는 것만 보아도 건강 하나만은 최고입니다. 단 하나 걱정은 목사님과 저의 건강입니다.

제가 좋아하는 신앙의 인물 중 한 사람이 다윗입니다.
저주마저도 하나님의 허락하심으로 인정하는 다윗.

그 믿음을 50일의 기도를 마친 모든 분들께도 동일하게 전해
지기를 소원하며 사랑을 전합니다.

성곡새마을금고 **최종경** 이사장

추천사

금융업계에 종사하다 보면 많은 인간 군상과 그들의 성공과 실패를 목도(目睹)합니다. 그런데 그 성공과 실패를 가르는 원인 중의 하나가 언어에 있음을 종종 경험합니다. 성경 말씀처럼 말에는 권세가 있습니다. 믿지 않는 사람들에게도 이러할진대 신앙인들에게는 긍정의 언어 즉 감사의 언어가 정말 중요하다는 것을 임상을 통해 눈으로 보게 됩니다.

좋은나무교회는 김포 성전건축을 인연으로 만나게 되었습니다. 그 만남 가운데 이성현 목사님과 성도들은 항상 긍정의 언어를 사용하는 것을 보게 되었습니다. 아주 작고 사소한 일에도 마음을 담아 하나님께 감사하고 심지어 이루어지지 않은 일들까지 미리 감사하며 믿음으로 취하는 모습을 보게 되었습니다.

저는 사업장을 찾아오는 고객들에게 '해가 나는 날에 우산을 빌려주고 비가 오는 날에 우산을 거두지 말라'는 마음으로 서로가 함께 성장하는 것에 가치를 부여합니다. 이 간증집을 읽으며 함께 성장하는 좋은나무교회 교회공동체를 보았습니다. 세상의 사업도 혼자서는 아무것도 할 수 없습니다. 신앙도 마찬가지입니다. 소통이 없는 신앙생활은 쉽게 미혹되어 길을 잃을 수 있습니다. 믿음은 하나님께로 인도하는 참된 목자와 지체들이 있을 때 바르게 성장하고 날마다 성화가 이루어집니다.

나만, 내 가정만, 내 교회만이 아니라 좀 더 많은 곳으로 좋은나무교회가 가진 긍정의 힘이 좋은 영향력이 되어 흘러가기를 기대합니다. 눈으로 보고 체험한 귀한 간증집의 출간을 진심으로 축하드립니다.

추천사

한국어깨동무사역원 대표, 어깨동무학교 교장,
ARCC 연구소 대표 윤은성 목사

좋은나무교회는 예수 그리스도께 견고하게 붙어있는 좋은 열매를 많이 맺는 좋은 나무와 같은 교회입니다. 열매를 보면 나무를 안다고 했습니다. 예수 없이 살 수 없는 인생들이 예수를 만나 열매 없는 삶에서 풍성한 열매 맺는 삶으로 변화된 놀라운 이야기들로 가득한 책입니다.

악한 시대라 말합니다. 무엇이 악한 시대입니까? 주님의 말씀에 반응하지 않는 시대가 악한 시대이며 마음에 하나님 두기를 싫어하는 세대가 악한 세대입니다. 이러한 시대와 세대를 향해 하나님이 오늘도 살아 역사하시며 우리의 삶을 바꾸시는 분이시라는 것을 강력하게 선포할 교회가 필요합니다. 주님께서 좋은나무교회 이성현 목사님의 귀한 목양을 통해 하나님의 살아계심을 온 성도가 체험하도록 역사하신 이야기들을 읽으며 가슴이 뜨거워집니다.

믿는 사람들 안에 회의감이 팽배한 시대입니다. 하나님은 지금도 살아서 역사하시는가? 말씀은 우리 시대에도 유효한 말씀인가? 믿으면 정말 믿음대로 되는 역사가 있는가? 모든 진리가 의심받는 회의의 시대에 접어들었습니다. 하나님은 살아계시며 말씀은 지금도 살아서 역사하며 믿으면 주의 영광을 보리라는 말씀대로 되는 역사로 풍성한 책입니다.

무엇보다 위로가 필요한 시대입니다. 사회적으로 경제적으로 어려움과 혼란이 우리의 삶을 엄습해 오는 시대입니다. 자칫 두려움에 빠지고 믿음이 약하여질 수 있는 시대입니다. 이럴 때 여전히 우리 곁에 가까이 오셔서 위로하시는 성령의 위로가 우리의 마음을 따뜻하게 어루만져 녹이는 은혜가 있는 책입니다.

감동과 감사와 기쁨으로 귀한 생명의 역사를 전하는 책의 출간을 축하드립니다.

목차

모든 사람은 행복한 삶을 꿈꾸며 살아갑니다. 그러나 그 행복은 자신의 노력으로 찾아오는 것은 아닌 것 같습니다. 인생에서 누구를 만나느냐가 행복과 불행을 결정합니다. 여기 행복을 주관하시는 하나님을 만나 전혀 다른 삶을 살아내는 만남의 주인공들의 이야기가 있습니다.

야곱이 잠이 깨어 이르되 여호와께서 과연 여기 계시거늘
내가 알지 못하였도다 (창 28:16)

환난 중에 위로하시는 하나님

이성현 목사

우리는 인생을 살아가면서 많은 사건과 사고들을 만납니다. 오늘 우리에게 나타나는 일상의 사소한 일들이 어떻게 보면 그냥 넘어갈 수 있는 단순한 일임에도 불구하고, 그 사건을 통해서 하나님이 어떻게 우리와 함께하시는지를 깨닫는 시간이 되기도 합니다.

많은 사건과 사고들이 있지만, 그 사건보다 그것을 어떻게 받아들일지에 대한 해석이 더 중요합니다. 상황은 우리가 바꿀 수 없습니다. 하지만 우리 삶의 모든 영역에 하나님을 인정해드리면 하나님은 재해석을 통해 새로운 하나님의 패러다임으로 우리를 변화시켜 가시는 줄로 믿습니다.

초대교회 때에는 정말 많은 핍박이 있었고 예수님을 믿는다는 그 자체 때문에 엄청난 환난을 감당해야 했습니다. 그러한 고린도교회를 향해서 사도 바울과 디모데가 고린도후서를 기록했습니다.

우리의 모든 환난 중에서 우리를 위로하사 우리로
하여금 하나님께 받는 위로로써 모든 환난 중에 있는

이 짧은 세 구절 안에는 '환난'과 '고난'이란 단어가 다섯 번이 나옵니다. 하지만 더 놀라운 것은 이 세 구절 안에 '하나님의 위로, 하나님의 구원'이라는 단어가 무려 아홉 번이나 나온다는 사실입니다. 이는 우리 가운데 많은 환난이 있더라도 하나님의 위로가 더 크다는 것을 말합니다. 우리에게 많은 핍박과 고난이 있어도 또 어떤 어려움이 있어도 하나님의 일하심, 하나님의 전능하심은 더 크고, 더 위대한 줄로 믿습니다.

문제를 보는 사람은 문제에 함몰되지만, 하나님을 보는 사람은 하나님의 능력을 경험할 수 있습니다. 우리는 사람의 위로만 받아도 이겨낼 힘을 얻곤 합니다. 그런데 그 전능하신 하나님, 천지 만물을 창조하시고, 인생의 모든 길흉화복을 주관하시는 그 하나님이 우리를 위로하고 계신다면 환난이 아무리 크고, 고

난이 아무리 심해도 우리는 얼마든지 그 하나님의 위로와 하나
님의 약속으로 인해서 넉넉하게 통과하게 될 줄로 믿습니다.

지금 이 순간에도 하나님께서는 우리를 위로하고 계십니다.
무엇으로 위로하시는 줄 아시나요? 바로 그분의 십자가로 우리
를 위로하십니다.
'내가 너를 이만큼 사랑한다. 내가 너를 위해서 죽었다. 내가
너를 그 모든 환난에서 건져내기 위해서 내가 죽었다.'
지금도 하나님은 우리에게 이렇게 말씀하시며 그 사랑으로 우
리에게 위로하고 계신 줄로 믿습니다.

지금까지 인생을 살아오며 얼마나 많은 위기가 있었습니까?
그리고 또 앞으로도 올 수 있습니다. 하지만 우리는 그것 때문에
휘둘리는 인생이 되면 안 됩니다. 시험을 통해서 오는 여러 가지
연단이나 우리 안에 오는 모든 아픔은 믿음의 성장통입니다. 성
장통은 그 통증 자체로는 아픔입니다. 하지만 그것을 통해 성장
한다고 한다면 우리는 영적인 시험을 통해서 얼마든지 자라날
수 있습니다. 잃어버렸던 하나님의 형상을 회복할 수 있습니다.
또 다른 사람들에게 하나님이 어떤 분이신가를 보여 증거할 수
있는 하나님의 능력을 경험하는 기회가 되는 줄로 믿습니다.

〈 2021년 10월 17일 설교 中 〉

성탄의 기적

이현환 집사

나의 삶에서 가장 힘들었던 순간, 또 그만큼 하나님께 의지했던 시간이 있었습니다. 아들 환희가 4살, 딸 빛나가 6개월 되던 2015년, 아내가 뇌출혈로 쓰러졌습니다. 병원에서는 너무 늦었으니 마음의 준비를 하라는 의사의 말을 듣게 됩니다. 그저 숨만 붙어있다는 이유로 한 가닥 희망을 품고 수술에 들어갔습니다. 3일 경과 후 뇌의 부기가 빠져야 살 수 있다고 하는데, 그 이후로도 뇌가 부어 있다면 부어서 튀어나온 뇌를 절개해야 한다는 의사의 진단이었습니다.

그때부터 나는 3일 동안 정말 많이 울면서 기도했습니다. 어릴 적부터 교회를 다녔지만, 하나님에 대한 믿음이 희미했고 그저 예배만 드리러 다녔던 교회를 하나님께 기도하기 위해 들어간 것은 처음이었던 것 같습니다.

그런데 하나님은 믿음이 적었던 나의 기도에도 응답을 해주셨습니다. 3일이 지난 후 뇌의 부기가 빠지고 좌뇌와 우뇌가 정확하게 일치하여 제자리를 찾았습니다. 병원에서는 정말 기적이라고 했습니다. 그렇게 살려 달라고 기도했던 내가 이제는 또 다른 기적을 달라고 기도하기 시작했습니다.

'제발 의식만 되찾게 해주세요. 성탄절이 다가오는데 크리스마스의 기적을 내려주세요.'

12월 13일에 쓰러져 수술한 아내가 의식을 다시 찾은 것은 12월 25일! 정말 기도한 대로 하나님께서는 성탄의 기적을 보여주셨습니다. 할렐루야!

그 후로도 '움직이게 해 주세요. 걷게 해주세요. 말하게 해주세요.'라고 나뿐만 아니라 모든 가족, 친인척, 지인분들이 기도해주셨습니다. 기도의 힘은 정말 컸습니다. 주님께서는 천천히 한 가지씩 내가 원하고 바라는 대로 응답해 주셨습니다. 2개월 후 재활병원에서 퇴원하게 되었고 많은 부분이 회복되었지만, 뇌출혈의 후유증은 남아있었습니다. 아내는 단기 기억을 거의 못 하는 상태였고, 말도 어눌하고, 특히 글을 읽을 때는 아주 더듬더듬 힘들게 겨우 읽었습니다. 그런 상태에서 우리 가정은 신앙생활을 하지 못하고 있었는데, 교회를 탐방하며 다니다가 좋은나무교회를 처음 와보고 바로 등록하게 되었습니다.

좋은나무교회를 등록하게 된 이유는

1. 목사님의 설교 말씀이 정말 좋았습니다. '주님은 나의 주인'이라는 말씀이 뇌리에 박히며 듣는 순간 마음이 편안해짐을 느꼈습니다.

2. 그리고 새 가족을 안내 및 인도해 주시는 분들이 적극적이지만 부담스럽지 않았습니다. 긍정적이며 친절하게 대해 주시는 모습이 다른 교회와는 다르게 편안했습니다.

3. 또한, 여기 계신 성도님들을 보니 신앙생활과 일상생활이 동일해 보였습니다. 그렇지 못한 내가 많이 배울 수 있겠다는 생각이 들었습니다.

4. 마지막으로 아이들이 교회 오기를 좋아했습니다. 천사 같은 선생님들이 많이 계시고 마음 놓고 아이들을 맡길 수 있겠다는 생각에 교회 등록을 결정하게 되었습니다.

이렇게 교회를 다니며 개인과 가정에 많은 변화가 있었습니다.

1. 가정의 화목입니다. 물질 욕심을 버리고 감사함을 나누는 가정이 되었습니다.

2. 아내의 기억력이 점점 좋아지고 있습니다. 뇌출혈로 인해 단기 기억력을 담당하는 뇌가 손상되어 불과 1시간 전 상황도 기억을 못 했었습니다. 병원에서는 2년 정도 지나면 더 이상의 회복은 중단될 것이고, 그때부터는 같은 상태로 그냥 살아가야 한다고 했습니다. 그런데 좋은나무교회를 다니면서 급격하게 좋아졌습니다. 성도님들의 위로와 격려 그리고 응원에 힘입어 바리스타 자격증도 취득하였습니다. 뇌출혈 후유증을 앓고 있는 아내에게는 기적 같은 일이 아닐 수 없습니다.

3. 운동을 좋아하던 내가 운동도 내려놓고 예배와 교회가 우선으로 바뀌었습니다.

4. 가장 중요한 것은 마음의 평안을 얻었다는 것입니다. 교회에 와서 자리에 앉으면 그날의 걱정과 피로가 사라짐을 느낍니다. 주님께서 모든 걱정과 고민을 해결해 주실 것을 믿기 때문입니다.

하나님은 정말 나와 우리 가정을 사랑하시고 자녀 삼아 주셨습니다. 우리가 드리는 작은 기도 소리도 다 들으시고 응답해 주십니다. 우리의 주인 되시는 주님, 사랑합니다.

변화

홍영희 집사

깊고도 어두운 터널을 지나 이제 하나님의 빛을 봅니다. 하나님의 뜻을 모르고 내 멋대로 살아온 내 인생, 내가 잘나서 등과 같이 모든 것이 '나' 중심이었습니다. 감사할 줄도 모르고 살아온 지난날들을 회개합니다.

잘 나갈 때는 내가 잘나서 다 잘 되는 줄 알고 고개를 빳빳이 쳐들고 거만하게 살았습니다. 벼는 익으면 자연스레 고개를 숙인다 했는데, 그런 것과는 상관없이 다 내가 잘난 줄 알고 살았습니다. 그 인생이 어떻게 되었을까요. 그런 것을 깨닫지 못하고 정말 바보처럼 살아왔다는 것을 이제야 알게 되었습니다.

남편에게나 자식들에게 사랑으로 대하지 못하고 성질부리고, 윽박지르고, 말하고 싶은 건 상대방이 상처를 받든 말든 마구 하며 내 방식대로 살았습니다. 그 세월이 쌓이니 자연스럽게 가족 간의 대화는 아예 상상도 못 하며 살아왔고, 무엇을 해도 되는 일이 없었습니다. 잘 되는 것 같다가도 이상하게 다 망하고 그럴 때마다 용하다는 점쟁이도 찾아가 보고 철학관도 찾아다니면서 원인이 무엇 때문인가는 찾지 않고 그렇게 살았습니다.

그러다가 내 인생이 바닥으로 떨어졌을 때, 처참하게 살던 때의 내 모습을 거울로 봤을 때는 정말 말이 아니었습니다. 성당을 다니며 나름 종교 생활과 기도는 한다고 했는데 그것이 내 안에 주님을 모시지 않고 내가 주인 되어 살았기 때문이라는 걸 좋은나무교회를 만나고 목사님의 설교 말씀을 통해서 알게 되었습니다.

물론 처음부터 알게 된 것은 아닙니다. 교회를 오기 전 나는 아주 오래도록 성당을 다니고 있었습니다. 그래서 처음 교회 왔을 때는 개신교에 대해서 어색하기도 하고 용어도 생소한 게 많고 성당 다닐 때의 습관이 남아있어 목사님을 신부님으로 부르기도 했습니다. 그리고 방황도 많이 했습니다. 그럴 때마다 성령 하나님께서 나를 붙들어 주셨습니다. 딸들은 어디를 가든지 차 안에서 찬양을 틀어놓고 갑니다. 그때마다 나는 그 찬양 소리가 싫어서 짜증도 몇 번 냈었습니다. 하지만 지금은 아침마다 찬양으로 하루를 시작합니다.

3년 전 딸들이 어느 날부터 좋은나무교회에 나가는 것을 알게 되었습니다. 하지만 교회만 갔다 오면 얼굴이 밝고 교회 자랑을 하는 딸들을 보며 도대체 어떤 교회길래 집에만 오면 자랑하나 싶어 혹시나 하는 마음에 따라가 봤습니다. 그런데 이상하게 처음 가는 날인데도 하나도 어색함이 없고 예전부터 그 성전 문을 오갔던 것 같았습니다. 출석한 첫날 바로 새 가족 등록을 하였습니다. 지금 생각해보니 성령님께서 나를 붙잡아 주신 것 같습니다.

나는 인생에서 많은 우여곡절이 있었습니다. 하지만 좋은나무교회와 만남의 축복을 주신 하나님께서 나를 변화시켜 주시고 또 가족과의 관계도 회복시켜 주셨습니다. 거의 모든 일에 부딪히던 딸과의 관계가 먼저 좋아졌습니다. 그리고 불편한 남편과의 관계도 내 힘이 아닌 하나님이 해결해 주시리라 믿고 열심히 기도하고 있습니다. 그래서인지 지금은 남편을 바라보면 측은한 생각이 들면서 눈물을 흘리며 회개 기도도 합니다. 남편과 관계가 좋아지기 힘들 것 같다는 습관처럼 내뱉던 말과 생각을 바꾸려고 노력하고 있습니다. 이제는 남편과 화해할 수 있을 것 같은 생각에 마음이 편안해지는 나를 보면 놀라울 따름입니다.

얼마 전 금요 예배 때는 무릎이 너무 아파서 걸을 수가 없었습니다. 안수 기도를 해주시는 목사님께서 믿음으로 반응하라는 말씀에 전적으로 하나님께 무릎을 맡겼습니다. 그랬더니 기적같이 무릎이 아프지 않았습니다. 믿음으로 반응하는 것도 내 힘이 아닌 성령님과 함께할 때 새 힘이 생긴다는 걸 깨달았습니다.

얼마 전만 해도 목사님께서 안수기도하실 때 의사 선생님도 아닌데 어떻게 내 무릎이 나을까? 하는 약간의 의심도 있었습니다. 하지만 이제는 확실히 알았습니다. 믿고 반응할 때 아픈 무릎도 치료해 주시는 분이 하나님이신 것을 알게 되었습니다. 하나님께서 내 인생의 주인 되어 주실 때 비로소 힘들게 살아왔던 삶의 모든 부분도 힘들지 않고 오히려 기쁘고 감사하게 살아갈 수 있다는 것을요. 매일 기도와 성경 읽기와 필사를 하면서 더 깨달음과 지혜를 주시고 풍성한 응답도 많이 주셨습니다.

하나님 나라는 우연이 없다는 깨달음도 주셨습니다. 없어도 있는 것처럼 풍족하게 생각되고 매 순간 감사가 넘칩니다. 또 남을 위해 기도하는 힘을 주시니 참으로 감사합니다. 아직 부족하지만, 말씀과 묵상으로 더 믿음이 단단하도록 기도를 놓지 않을 것입니다. 항상 기쁨으로 살게 하시는 하나님은 나의 아버지, 나의 구원의 바위, 나의 주인이십니다.

인생의 봄날을 맞이하다

이강엽 집사

교회에서 예배를 드리던 어느 날, 담임목사님께서 하신 말씀 "그동안 나를 괴롭히던 '병'은 모든 세포까지 다 나았다"라는 말씀을 듣는 순간, 감동의 마음과 서러운 마음으로 집에 돌아와 어머니 곁에 늘 놓여 있던 낡은 성경을 숨죽인 채 바라봅니다. 지나간 모든 기억이 순간 나의 마음을 애잔하게 합니다.

그토록 자식의 병 때문에 날마다 간절한 기도로 새벽을 깨우고 간곡한 눈물의 기도로 어둠을 맞는 어머니 모습. 그 모습이 수십 년간 나를 괴롭히던 불치병 장협착증의 고통과 아픔에서 해방된 회한의 눈물, 기쁨과 감사를 느낄 새도 없이 흘러갑니다. 어머니는 자식의 병을 고쳐주지 못한 한을 안고 구름처럼, 노을처럼, 애절하게 소천하셨습니다.

김포에 오기 전 서울에서 '아, 나는 이제 병도 이기지 못하는 나이가 되었구나. 간신히 생명줄을 잡는 일상에서 이제 꿈을 접어야겠구나.' 생각하며 어떻게 하면 지금까지 나를 지지하고 시부모에게 순종하며 살아온 아내에게 슬프지 않게 마지막을 준비할 수 있을까? 그렇게 마지막을 준비하는 마음으로 모든 결정을 하고 왔는데.

　김포로 이사 와 아내의 부탁으로 좋은나무교회 송구영신 예배에 참석하며 "이번 한 번뿐이다." 대답했던 나였습니다. 하지만 그날 이후로 성전을 바라보며 '거룩은 이런 것인가?' 그리고 성전에 오면 예배 순서 순서마다 나를 감동시킵니다. 내 눈물을 들킬까 봐 몇 번이고 마른침을 삼키며 감동을 억제합니다. 성전과 담임목사님을 보며 이번에는 '천국은 이런 것인가?' 진한 감격을 느낍니다. 지난날 가족에게 상처를 준 일, 기억의 아픔도 어느새 뜨거운 눈물이 되어 사라집니다.

　담임목사님께서 전해주시는 하나님 말씀이 성전을 돌고 돌아 아파서 상처받은 나에게 와서 따뜻한 온기로 감싸줍니다. '나는 이제야 내 집에 돌아왔구나' 하는 감동과 함께 이제는 성전에 있는 의자에 앉아 '주님을 기다리면 되겠구나.' 하는 생각으로 가슴이 설렙니다.

　기적은 믿음의 결실인가 봅니다. 믿음이 있는 자만이 말씀을 볼 수 있는 눈과 귀를 갖는다고 하셨는데 '나는 겨자씨보다 못한 믿음이었기에 느낄 수 없었고, 볼 수 없었구나.'라는 생각이 들었습니다. 이제 나는 '주님의 계획을 알지 못해도 주님 말씀을 믿고 따르겠나이다.' 이것이 목사님 가르침에 반응하는 나의 다짐입니다.

목사님 안수 기도로 내 머리에서 불이 납니다. 등에서도 불이 납니다. 성령님! 나와 좋은나무교회에 오셔서 더 많은 기적과 더 많은 회복과 평안의 축복이 채워주시길. 마음의 소원과 묵상으로 읊조리는 고백으로 하나님께 올려 드립니다. 우리 부부 주님께, 목사님께, 성도님들께 감사드립니다.

성경은 육안으로 읽는 책이 아니요
심령으로 읽어야 하는 책이다.

머리로 볼 책이 아니고
가슴으로 느껴야 할 책이다.

소설처럼 읽어야 할 책이 아니고
전인격과 맑은 영혼으로 읽어야 할 책이다.

See you in heaven

신미자 성도

나는 좋은나무교회 나온 지 얼마 되지 않은 아주 따끈따끈한 새 가족입니다. 좋은나무교회를 나보다 조금 먼저 다닌 친구를 통해 기적이 상식이 되는 50일의 기도를 드린다는 말을 전해 듣고 교회에 나오게 되었습니다. 기적이 상식이 되는 50일의 기도가 시작되기 한 달 전, 나는 위암 수술 후 항암치료를 진행하고 있는 상태였습니다. 처음엔 주일예배를 먼저 참석했고 뒤이어 50일의 기도 중반부터 참석하게 되었습니다.

아픈 몸 상태에서 매일 저녁 8시에 시간 맞춰 오는 게 쉬운 듯하면서도 때론 쉽지 않은 시간도 있었습니다. 위 수술 환자는 식사하는 시간도 자유롭지 않고, 식사 후 30분에서 1시간은 움직이지 않고 소화를 시킬 수 있는 시간도 필요하다 보니 그것 또한 쉽지 않았습니다. 그런데 이런저런 생각을 하고 또 핑계를 대기 시작하면 할 수 있는데도 할 수 없을 것 같았습니다. 그래서 예배를 나오기로 마음먹은 이상 다른 생각은 하지 않고 나오기 시작했습니다. 어떤 날은 배가 아파서 집을 나서면서부터 힘든 날도 있었고, 또 어떤 날은 설교 시간에 앉아있는 것만으로도 힘든 날도 있었습니다. 그럴 때마다 하나님이 알아서 해 주실 거라는 믿음으로 자리를 지키니 정말 하나님께서 나의 기도에 응답해 주셨습니다.

나는 고등학교 전까지는 교회를 다녔습니다. 그 이후로 지금까지 교회를 나가진 않았지만, 종교는 늘 기독교라 말하였고, 내가 힘들 때는 하나님을 찾고 기도를 하곤 했습니다. 목사님의 말씀처럼 그동안 하나님을 내 마음에 두는 것이 아니라 추운 베란다나 문밖에 예수님을 방치한 채 나의 필요에 의해서만 찾곤 한다는 말씀에 내 모습을 본 것 같아서 마음이 너무 슬펐습니다. 그런데도 주님은 늘 내 곁에 계셨습니다. 예수님은 늘 내가 회개하고 주님을 향해 돌아설 수 있는 날을 기다리고 계셨다는 것을 아주 큰 고난이 오고 난 후에야 깨닫게 된 것입니다. '하나님은 나를 이렇게 사랑하시는구나. 나를 늘 바라보고 기다리고 계셨구나.' 하나님 아버지의 마음을 이제야 알았습니다.

처음 교회 왔을 때 주일예배 후 목사님이 내 머리에 손을 얹고 기도를 해주셨습니다. 기분 탓인지 온몸이 따뜻해지는 듯한 느낌을 받았습니다. 안수기도를 받아 본 적 없는 나로서는 어떤 기분이 들어야 성령님이 역사를 행하시는지 알지 못했습니다. 그리고 두 번째 안수기도는 50일의 기도 중에 받았습니다. 그때는 서 있을 때부터 몸에 힘이 빠져 다리가 후들후들 떨리더니 안수기도 후에 온몸이 쑤시다가 점차 편안함이 찾아온 걸 느끼게 되었습니다. 성령님이 일하고 계시다는 걸 느낄 수 있는 시간이었습니다.

지금 내 몸에 암세포가 남아있는지 없는지는 알 수 없지만, 주님의 손길로 완치가 되었다는 믿음이 생겼습니다. 아프다는 것이 슬픔일 수 있지만, 지금은 신기하게도 몸은 아프지만 외롭지 않고, 슬프지도 않고 너무나 평안하게 하루하루 보내고 있기 때문입니다.

그리고 평소에 생각이 꼬리에 꼬리를 물고, 늘 잠도 잘 못 자고, 고민이 있으면 해결되지 않는 걸 알면서도 늘 놓지 못하는 예민한 성격이었는데, 이제는 자기 전 기도하고 잠들면 꿈 하나 꾸지 않고 편안히 잠을 잘 수 있다는 게 정말 감사할 뿐입니다. 하루 수면 시간 5~6시간도 안 되는 생활 가운데서 몸은 힘들지 몰라도 마음만은 너무 평안해지고 자유함으로 변화도 일어난다는 그 말씀이 나의 마음에 들어왔습니다. 앞으로도 나에게는 많은 좋은 일들이 일어날 거라는 기대와 설렘으로 주님과 함께 하는 삶을 살게 될 것입니다.

처음보다 끝이, 시작보다 나중이, 갈수록 갈수록 좋아지는 그런 사람, 그리고 아무것도 염려하지 말고 다만 모든 일에 기도와 간구로 주님께 구할 것을 감사함으로 아뢰면 모든 지각에 뛰어난 하나님의 평강이 우리 마음과 생각을 지키실 것이라 믿습니다. 좋은나무교회 성도님들 see you in heaven!

좋은 교회 좋은 목사님 좋은 성도님들 만나게 된 것이 참으로 큰 축복이고 은혜입니다. 나를 치료하시고 새 생명을 주시는 분, 나를 사랑하시는 예수님은 나의 주인이십니다.

흥부 남편

윤소정희 집사

　지금까지 여러 곳의 교회는 가보았지만, 늘 뭔가 외롭고 공허한 느낌을 지울 수가 없었고 교회를 정착하여 다니지 못했습니다. 그런데 친구의 소개로 좋은나무교회를 알게 되어 나오게 되었습니다. 저녁 예배에 참석하며 방황하던 나의 신앙생활에 한 줄기 빛으로 찾아오신 주님의 은혜로 마음이 열렸습니다. 말씀을 들을수록 좋고 교회 분위기가 좋아 좋은나무교회에 등록하게 되었고, 어떤 교회를 다녀도 느껴보지 못했던 공동체의 사랑을 느꼈습니다. 너무나 좋은 행복한 셀 공동체를 만나면서 나의 믿음도 성장하는 은혜를 입고 있습니다.

　그리고 내가 지금까지 힘들었던 모든 문제 특히 자녀 문제, 경제적인 문제 등등 여러 가지로 힘들게 얽히고설킨 것들이 주님이 주인이라는 깨달음과 함께 마음에 설명할 수 없는 평안이 찾아왔습니다. 그리고 왠지 모르게 하나님이 이 모든 문제를 해결해 주실 것이라는 믿음이 조금씩 생기고 있음을 발견하고 있습니다. 그래서인지 나의 염려 많고 어두웠던 얼굴이 점점 밝아지고 좋아지는 것을 많이 느낍니다. 특히 셀 공동체나 어머니 기도회에 나오면 교회 지체들이 얼마 전 얼굴하고 오늘은 또 달라졌다며 입을 모아 칭찬합니다.

"어머 집사님! 얼굴이 밝아졌어요! 얼굴이 예뻐지셨어요!"

처음엔 안 믿었는데 지금은 내가 봐도 환하게 밝아지고 예뻐졌답니다.

그리고 기적이 상식이 되는 50일의 기도를 통해 매일 은혜를 많이 받고 있습니다. 나는 척추 협착증 때문에 늘 한의원을 옮겨 다니며 치료를 받고 있었습니다. 마침 목사님의 안수기도를 받았고 오래 앉아있기도 힘들었었는데 앉는 것도 걷는 것도 많이 편안해지고 아프지 않은 나를 발견합니다. 평소에 다리가 차고 시려서 늘 찜질을 하며 누워있어야 했습니다. 하지만 이젠 그러지 않아도 될 정도로 좋아지고 다리가 점점 따뜻해지고 있는 것이 신기했습니다. 나 같은 사람도 이런 기적을 경험하는 것이 참 놀라웠습니다.

우리 남편도 이런 좋으신 하나님을 믿으면 얼마나 좋을까요. 나는 기분 좋을 때는 남편을 흥부라 부르고 기분 나쁘면 놀부라 부릅니다. 그런데 요즘은 놀부가 흥부로 조금씩 변하고 있습니다. 그전에 교회 갔다 늦게 오는 나에게 남편은 이렇게 이야기합니다.

"교회 가서 살아라. 교회 가면 떡을 주냐? 밥을 주냐?"

어떤 날은 현관문 건전지를 빼버려 난처한 일도 있었습니다.

하지만 나도 그에 질세라 이렇게 받아치곤 합니다.

"밥보다 떡보다 더 좋은 걸 주지."

50일의 기도 첫날부터 어딜 가냐고 태클 거는 남편에게 이번 50일 동안 특별예배라 꼭 가야 한다고 했더니 웬일인지 그 뒤부터는 지금까지 한마디도 안 하고 새벽이든 저녁이든 교회 갈 수 있도록 놔두는 것입니다. 물론 나는 남편이 뭐라 하든 말든 교회를 가긴 합니다만 놀라운 것은 남편이 예전과 다르게 변화되었다는 것입니다. 그래서 남편을 흥부라 자랑하며 기도하게 됩니다.

"하나님, 우리 남편도 하나님이 사랑하시는 진짜 흥부가 되게 해주세요."

나의 마음과 믿음에는 작은 변화인데, 하나님은 크고 놀라운 좋은 일들로 축복해 주고 계십니다. 시동생을 좋은나무교회에 나올 수 있도록 전도했는데 정말로 하나님이 역사하셔서 교회에 나오게 되었고 나보다 더 많은 은혜를 받고 있습니다. 나에게는 이것이 기적 중에 최고 기적입니다. 시동생은 지금까지 불교 신자로 살았는데 이렇게 바로 교회를 따라 나오는 것을 눈으로 보면서도 신기했습니다.

교회 나온 지 두어 달밖에 안 되었지만, 지금은 예배를 드리며 목사님 하시는 말씀을 한 글자라도 놓치지 않으려고 노트에 적으며 열심히 듣는 모습을 볼 때 더 많이 신기합니다. 지금까지 힘든 일을 많이 겪으면서 살아온 시동생. 절에 다녔을 때와 교회를 나오며 하나님과 비교했을 때 쨉도 안 되는 걸 느꼈을 거고 현명한 선택을 한 시동생이 너무 고마웠습니다. 하나님을 열심히 알고 싶어 하는 시동생이 남편보다 지금 현재는 더 예쁩니다. 하나님이 보시기에 얼마나 예쁘실까 생각하니 더욱 감사합니다. 목사님의 말씀이 너무 좋고 또 공동체의 기도 덕분입니다. 특히 시동생을 잘 챙겨주고 반겨주시는 셀 리더님께 감사합니다. 그런 모습이 첫 믿음을 시작하는 이에겐 얼마나 고마운지 모릅니다.

또 나의 변화 중 하나는 바로 며칠 전 집으로 정수기 교체하시는 분이 방문했는데, 그분이 제사를 엄청 많이 드려야 하는 가정에 시집을 가서 힘들다는 이야기를 듣게 되었습니다. 나는 바로 우리 좋은나무교회를 자랑하고 목사님과 성도님들을 자랑하며 좋은나무교회 간증집을 선물로 드리게 되었습니다. 하나님이 다 보고 계시니 그분의 영혼을 사랑으로 인도해 주시고 나의 모습도 예뻐하실 것 같아서 참으로 마음이 기뻤습니다. 소극적이고 말도 없는 내가 이렇게 변화하고 있습니다.

그리고 지난주부터는 우리 손녀딸도 교회에 함께 데리고 옵니다. 교회 선생님들께서 잘 섬겨 주셔서 우리 손녀딸이 잘 적응하는 모습을 보니 참으로 감사합니다. 모든 것이 하나님의 은혜입니다. 나를 사랑하시는 하나님, 또 주님 자녀들의 영혼을 사랑하시고 인도하시는 하나님, 우리를 구원해 주시는 예수님은 나의 주인이십니다.

우리 교회 우리 목사님

김난경 집사

나는 청년 때부터 국내에 유명한 목사님들의 부흥회나 기도회가 있는 자리라면 정말 열심히 참여했었습니다. 그때는 그것이 열심이고 기쁨인 줄 알았고 예수님을 잘 믿고 있는 것인 줄 알았습니다. 결혼해서 아이를 낳아서도 아이를 안고 업고 좋다고 하는 말씀 들을 수 있는 곳이라면 마다하지 않고 열심을 다해 다녔습니다. 하지만 정작 내가 마음을 정하여 뿌리내리고 섬기고자 하는 교회는 없었습니다.

그러던 중 2019년 8월, 새로 이사 온 아파트 옆에 있는 좋은나무교회에 출석하게 되었습니다. 담임목사님을 통하여 선포되는 말씀이 정말 은혜가 되고 좋았습니다. 그러나 여기저기 말씀 따라 다녔던 버릇이 있던 나는 다른 교회 목사님들 말씀도 좋다고 한다면 그쪽도 따라다닐 수 있는 것 아닌가? 하는 의식이 남아있었습니다. 셀 공동체의 나눔 중에 교회를 정하고 등록을 했으면 그 교회에 적응하고 완전히 뿌리내릴 때까진 담임목사님의 설교만으로 충분하다는 권면을 들었습니다. 그 말이 이해가 가진 않았지만 일단 순종해봐야겠다 생각하고 기도했습니다.

'하나님 여태껏 신앙생활을 열심히 한다고 했는데 내가 모르는 것이 너무 많아요. 이곳에 보내셨으니 시키는 대로 해볼래요. 뭔지 알려주시고 가르쳐 주세요.' 이렇게 매일 기도했습니다. 담임목사님의 설교는 꿀송이처럼 달았고 나의 삶 속에 작은 말씀부터 실천하며 순종하는 생활의 간증들이 생겨나기 시작했습니다.

그렇게 2년이 지난 지금은 아기가 엄마의 젖을 충분히 먹고 포만감에 새근새근 엄마의 품에서 자고 있듯 내 영이 주님의 품에 포근히 안식하고 있는 것 같습니다. 십자가에서 죽으시고 부활하셔서 모든 사람에게 믿을만한 증거를 주신 예수님, 복음이면 충분함을 몸소 체험하고 있습니다.

또 한 가지는 주일관입니다. 그동안 52주 주일을 나는 다 지키며 살아왔었습니다. 하지만 본 교회 주일성수라는 개념은 없었기에 시댁을 가면 시어머니 다니는 교회로 출석했고 외국이나 국내나 휴가를 가게 되면 이름도 모르는 어느 교회에서 주일성수를 했었습니다.

어느 날 포항 시댁에 갈 일이 있었는데 나는 너무나 당연하듯 이번 주에 못 온다는 이야기를 셀 리더님께 전했는데 조금은 심각하고 단호하게 본 교회 주일성수를 권면 받았습니다. 그리고 남편에게 주일을 본 교회에서 드리는 것에 대해 조심스럽게 말했습니다. 거절할 거라는 나의 예상과 달리 남편이 주일에 돌아올 수 있는 KTX표를 예약함으로 그 주에 본 교회 주일성수를 할 수 있었습니다. 그 후에도 시어머니의 위독하셨던 상황, 시어머니의 소천으로 장례를 포항에서 치르는 상황 가운데에서도 본 교회 주일성수를 할 수 있는 마음과 길이 열리는 경험도 했습니다. 무엇보다 남편의 마음도 함께 열어주신 하나님께 감사합니다.

자녀를 위하여, 남편을 위하여 나름 열심히 기도해 왔던 나에게 정작 나의 하나님이 안 계신 것과 내 남편, 내 자녀에게 복만을 구하는 기복신앙이었음을 보게 하셨습니다. 그것은 절에도 있고 무속신앙에도 있는 것인데, 나를 향한 주님의 사랑도 계획도 아무것도 모르고 있는 나의 실체가 드러났습니다. 그동안 무지함으로 인해서 정욕으로 구했던 것들에 대해 회개하게 하셨고, 다시 내 안에 주님을 초청했습니다. 주님을 정말 잘 알고 싶어졌고 나를 사랑하시는 주님을 경험해 보고 싶어졌습니다.

기적이 상식이 되는 50일의 기도 때 비로소 하나님이 나를 얼마나 사랑하시는지 말씀을 통해 알게 하셨습니다. 눈에 보이는 상황들은 어쩌면 더 안 좋게 보일 수 있는 것들도 믿음의 눈으로 보게 하시고 선포하게 하시면서 많은 성장을 한 나의 모습을 보게 하셨습니다.

무엇보다 작고 부끄럽지만 나도 하나님을 사랑한다고 고백하며 이제야 하나님과의 첫사랑을 만끽하고 있습니다. 나를 좋은 나무교회로 보내 주셨고 좋은 목사님과 좋은 지체와의 만남을 허락해 주신 주님께 감사합니다.

너는 아느냐

김옥희 집사

나는 우리 좋은나무교회에 등록한 지 두 달 된 병아리 새 가족입니다. 나는 거의 30년 가까이 내 생각과 내 중심으로 내가 주인 된, 기복 신앙생활을 열심히 하다가 지칠 대로 지쳐 교회를 나가지 않게 되었습니다. 그렇게 15년을 탕자처럼 주님을 떠나 죄인 된 삶을 살다가 지난해 11월 선교사였던 두 살 터울 언니의 갑작스러운 소천을 계기로 하나님께 돌아오게 되었습니다.

오랜 공백을 깨고 막상 돌아오려 하니 찾아갈 교회가 없었습니다. 눈물로 기도하시던 엄마도 그리고 언니도 안 계시니 갑자기 영적 고아가 되어버린 것 같았습니다. 먼지 묻은 성경을 다시 꺼내 말씀과 기도에 매달리며 9개월 만에 유튜브를 통해 좋은나무교회를 알게 되었습니다. 교회를 등록하고 다니게 되면서 하나님께서 그동안 나의 간절한 기도에 그대로 응답해 주신 교회라는 확신이 들었습니다.

첫 번째는 믿음의 갓난아이와 같은 나에게 영적 훈련을 잘 이끌어주시고 가르쳐 주실 목사님을 만나게 해주신 것입니다. 두 번째는 영적 고아와 다름없는 내게 뜨거운 기도의 용사들로 가득 찬 셀 공동체에 나를 퐁당 빠뜨려 주신 것입니다. 혼자라고 외로워했는데 누구보다도 힘이 되어 주는 공동체를 만났습니다. 세 번째는 큰소리로 찬양하고 기도할 수 있는 금요 철야 문이 열려 있는 교회를 위해 기도했는데 금요 철야뿐 아니라 50일의 뜨거운 기도를 준비해 놓고 계셨습니다.

하나님은 교회 오자마자 3일 금식을 시키셨는데 믿지 않는 남편을 지방으로 출장을 보내서서 금식기도에 집중하게 하셨습니다. 그리고 이번 50일의 기도를 시작하면서는 남편을 중국으로 출장을 보내서서 오직 예배에만 집중하게 모든 환경을 만들어 주셨습니다.

50일의 기도 첫날, 내게 주시는 메시지는 아주 분명했습니다. '삶의 주인이 바뀌어야 한다. 내 주인은 내가 아니라 예수님이시다.' 나는 그때 느꼈습니다. 그동안 내가 주인으로 살면서 내 노력 내 힘으로 얼마나 애쓰며 방향을 잃고 살아왔는지. 나는 더욱 예배에 집중할 수밖에 없었습니다. 어디로 어떻게 가야 할지 하나하나 배워야 했으니까요. 자기를 부인하고 물이 흘러가는 방향을 잘 살펴서 하나님께서 어디로 이끌어 가시는지 잘 보고 반응하라. 단순하다. 쉽다. 순종만 하면 된다.

이렇게 매일 예배를 드리면서 내 생각의 초점을 어디에 맞추어야 하는지 삶의 우선순위가 무엇인지 조금씩 알 것 같았습니다. 길이 보이는 것 같았습니다. 그리고 내 입에서는 감사가 저절로 나왔고 예배드리는 시간은 행복했습니다. 그러다 문득 내 안에 의심과 염려가 들어왔습니다. 지금 이렇게 좋은데 예배드리는 것이 언제까지 계속 행복할 수 있을까?

'나는 예전에도 내 힘으로 열심을 다 하다가 지쳐 버렸고 기쁨도 감사도 없이 종교 생활했었는데, 다시 그렇게 되면 어떻게 하지?' 이런 고민을 셀 리더님에게 나누고 기도를 부탁했습니다. 집으로 돌아오는 차 안에서 '나는 날마다 죽노라'라는 말씀 한 구절이 떠올랐고 고전 15:31 말씀을 찾아 읽으면서 묵상해 보았습니다. 그리고 발견했습니다. '주님이 나의 주인이십니다!' 고백하고서도 어느새 잊어버려 죽지 못한 내 자아가 주인 된 자리를 차지하고 앉아 걱정하고 의심하고 불안해하고 있는 것입니다. 날마다 죽어야 하는 것은 바로 내 자아였습니다.

그 무렵 담임목사님께서는 '귀로만 듣던 하나님을 눈으로 보게 되기를 사모하세요! 힘써 하나님을 알아야 하고, 알아야 하는 것을 모르는 것은 비극이다!'라고 말씀하셨는데 충격으로 다가왔습니다. 무엇이라도 해야 할 것 같았습니다. 그래서 그동안 소심함에 나서지 못했던 안수기도를 받아야겠다 생각하고 드디어 기도를 받았습니다. 목사님께서는 방언으로 기도해보라고 하시더니 들으시고 말씀해 주셨습니다.

"딸아 내가 너를 사랑한다. 내가 너를 기다렸고 네가 어려서부터 한 번도 떠난 적이 없단다."

마치 하나님의 음성으로 들리며 위로가 되었습니다. 하나님께서 비천한 이런 나를 딸이라 불러 주시고, 지켜 주시고 계신다니 감사해서 눈물이 났습니다. 기도 중에 주님이 두 팔을 벌려 나를 기다리고 계시는 듯한 모습이 내 생각들과 서로 엉켜 긴가민가 했습니다.

다음날 어머니 기도회에서 교육목사님께서 찬양 USB 하나를 주셨습니다. 집에 돌아와 찬양을 틀어놓고 성경을 읽고 있었는데 그때 주님의 음성이 내 귀에 들려 왔습니다. 안수받을 때 목사님께서 들려주셨던 그 말씀을 오늘 집에서 주님이 들려주시고 계시는 듯했습니다.

"내가 너를 얼마나 사랑하는지 너는 아느냐? 내가 너를 얼마나 좋아하는지 너는 아느냐?"

나는 찬양이 흘러나오는 기기 앞으로 가서 무릎을 꿇었는데 온몸이 마구 떨려왔습니다.

"주님! 제가 잘 몰랐어요. 몰랐어요!"

엉엉 울며 눈물만 흘렸습니다.

"내가 너를 얼마나 기다렸는지 너는 아느냐? 내가 너를 살리려 생명을 주었고 내가 너의 수치를 씻으려 생명을 준 것을 너는 아느냐? 나의 그 큰 은혜를 얼마나 알며 내 사랑의 노래를 너는 아느냐?"

그동안 어려서부터 듣던 십자가의 그 사랑을 입술로는 감사하고 감사했었는데 그 일이 나를 살리신 일인 줄을 몰랐는데, 내 수치를 씻어 주시고, 내 죄를 위하여 십자가를 지셨고, 나를 위해 죽으셨고, 부활하시므로 나에게 영원한 생명을 주셨다는 그 사실이 이제야 가슴으로 알게 되었고 생생하게 느껴졌습니다. 그동안 내 뜻대로 살면서 주님을 외면하고 부인했던 죄인 된 내게 주님은 사랑의 노래로 찾아오셔서 눈물로 회개하게 하시고 위로하셨습니다. 아무것도 아닌 가장 보잘것없고 낮고 낮은 나를 잊지 않으시고 오래 기다리시고, 크신 아버지 하나님께서 친히 찾아오셨습니다. 그리고 좋은나무교회로 이끌어 보내시고 모든 환경과 조건을 오직 예배에만 집중하도록 만들어 주셨습니다.

주님은 50일의 기도를 통해 하나하나 가르치시고 눈을 뜨게 하셨습니다. 처음에는 두려움 반, 염려 반, 또 기대 반으로 시작했던 예배드림이 20여 일이 지나갈 때 환상을 보여주셨습니다. 예수님을 믿지 않는 가족들이 주님의 심판대 앞에서 소처럼 큰

눈만 멍하니 뜨고 서서 새파랗게 공포에 질려 마귀에게 끌려가는 모습이었습니다. 순간 나는 심장과 폐부까지 두렵고 떨렸습니다. 이제는 나뿐 아니라 가족 구원을 위해 목숨 걸고 기도해야 할 분명하고도 절박한 이유를 찾았습니다. 우리는 모두 죽어도 천국에서 만나야 하기 때문입니다.

그리고 이제 이 복음을 증거하는 삶을 살며 아주 조금이라도 그리고 점점 많이 주님을 기쁘시게 하는 삶이 되도록 살아야겠습니다. 은혜받을 이 자리를 허락하시고 지켜 주신 하나님 은혜 너무 감사합니다. 주님! 아시지요. 얼마나 감사하고 얼마나 사랑하는지. 세상 무엇과도 바꿀 수 없는 예수님은 나와 가족의 주인이십니다.

무거운 짐이 가벼워지다

김경훈 집사

한없이 나약하고 부족하고 모자란 나를 항상 그 자리에서 그 품에 안아주신 하나님께 감사드립니다. 내가 때로는 세상 환경 속에 안주할 때 '아들아! 어허! 이놈 봐라? 어쭈!' 이렇게 말씀하시는 것 같은 경험을 종종 겪고는 했습니다. 나의 삶 가운데 찾아오신 하나님을 허상이 아닌 실제의 하나님으로 영접하게 되었고 이번 기적이 상식이 되는 50일의 기도를 통해 은혜를 주셨습니다.

12년 전 우리 가정은 태국 방콕에서 일곱 살짜리 아들의 익사 사고가 있었습니다. 물에서 건져낸 후 산소호흡기로 28시간을 연명하면서 의식을 찾기까지 뇌사상태로 있었습니다. 지금 생각해보면 그때의 나는 참 현실적이고 이기적이었습니다. 다급한 마음에 눈물로 기도하다가도 하나님을 원망하기도 했습니다. 그렇게 뭔지도 모를 기도를 몇 시간씩 틈나는 대로 얼마나 간절하게 드렸는지 모릅니다.

처음에는 아들을 살게만 해달라고, 다음엔 아빠 엄마만이라도 알아볼 수 있게 해달라고, 그 후엔 이왕이면 사람 구실은 해야 하지 않겠냐고, 책임져 주시라고. 하나님께서는 나의 이런 이기적인 욕심까지도 사랑하시고 품어주셨습니다. 지금 그 아들이 18살이 되어 건강하게 하나님의 자녀로 잘 자라게 하신 하나님의 은혜에 감사드립니다.

살아가면서 찾아오는 많은 어려움 가운데서 필요할 땐 하나님을 찾고 기도하다가 또 어느새 하나님을 잊고 사는 그런 삶을 반복했습니다. 그리고 잦은 지방 근무로 인해서 예배나 기도가 소홀해질 때쯤이면 어김없이 꿈에 해골과 시체가 한가득 깊은 암흑 속에서 나를 향해 달려오는 가위에 눌렸습니다. 그래서 한동안 잠을 못 자고 술로써 지우려고 부단히도 노력했습니다. 신기한 건 그때마다 예수님 얼굴이 선명하게 오버랩되어 함께 등장했다는 것입니다.

그러던 중 김포로 터전을 옮기고 나서 교회를 찾다가 좋은나무교회로 오게 되었습니다. 건방진 생각이지만 이 교회가 뿌리 깊은 나무인지 일 년 정도 검증한 후에야 마음을 열고 다가서게 되었습니다. 그럼에도 조급해하거나 서두르지 않고 기다려주신 목사님과 교육 목사님, 지체들이 편안하게 다가와 주어 너무 감사드립니다.

그렇게 하나님을 다시 경험하게 된 후에 시작된 50일의 기도에 스스로의 목표와 기도 제목이 있었습니다.

1. 50일 중 최소 30일은 지킬 수 있는 환경과 여건을 주시기를
2. 직장의 문제에서 자유롭게 해주시기를
3. 방언의 역사를 경험하게 되기를
4. 간증할 수 있는 통로를 열어주시기를
5. 하나님을 찬양할 수 있는 목소리와 기도의 문을 열어주시기를
6. 하나님을 향한 믿음에 꾸준함을 주시기를
7. 드림의 기쁨을 누릴 수 있는 축복을 주옵소서!!

신실하신 하나님은 50일의 기간 중 교육 목사님의 권유로 남성중창 찬양을 하게 하셨습니다. 그리고 목사님께서 교회 가장들에게 안수기도하신 그날 밤 누군가가 큰 선물을 주는 꿈을 꾸었습니다. 그리고 이틀 후 방언의 역사를 경험하였습니다. 기도하는데 머리 위쪽에서 섬광이 비추면서 나도 알 수 없는 말이 나왔습니다. 그렇게 한참 동안 울면서 기도하다가 한 번, 또 목사님 안수기도 중 한 번, 이렇게 세 번의 섬광이 있었습니다. 하나님은 살아계시고 나와 함께하고 계심을 계속 알게 하시니 감사드립니다.

내가 은혜받고 바뀐 가장 큰 변화는 나의 마음가짐과 입술의 변화였습니다. 얼마 전 운전 중에 앞차와 접촉사고를 냈습니다.

예전 같으면 'ABC, 18, 19, 재수가 없어서' 였다면, 지금은 오히려 '외제 차이거나 깐깐한 운전자가 아니어서 감사합니다. 보험 처리도 안 하고 깔끔하게 현금으로 처리하게 되어서 감사합니다'로 바뀌었습니다. 은혜받은 것을 잃어버리지 않도록 하나님이 일하셨습니다.

나는 내 것인 양 나의 자녀도, 직장도 내 손으로 꽉 쥐고 있었던 삶을 좋은나무교회를 섬기면서 목사님 말씀과 기도로 내려놓음을 알게 되었습니다.

수고하고 무거운 짐 진 자들아 다 내게로 오라
내가 너희를 쉬게 하리라(마 11:28)

말씀을 듣는 순간 내가 쥐고 있던 것을 내려놓게 하시면서 나를 짓누르고 있던 어깨의 무거움이 가벼워짐을 느꼈습니다. 이것 또한 알게 하신 하나님께 감사드립니다.

50일의 기도를 통해서 마음이 평안하고 가슴이 따뜻해지는 기분이 계속 생깁니다. 마음의 여유도 생기고 있습니다. 정말 위로를 제대로 받았습니다. 하루하루가 나에게는 기적입니다.

내가 반드시 너에게 복 주고 복 주며 너를 번성하게 하고 나로 인하여 모든 사람이 복을 받을 수 있는 근원이 되길 소망합니다. 우리 교회 좋은 교회! 좋은나무교회 공동체 안에서 서로 사랑하고 격려하며 하나님 말씀에 순종하면서 겸손하게 믿음의 자녀로 성장하겠습니다. 나의 모든 것은 하나님의 은혜입니다. 사랑합니다.

완전하신 예수님

이윤희 집사

할렐루야! 나는 좋은나무교회 등록한 지 4개월 정도 되는 새 가족입니다. 전에는 교회를 주일만 가다가 수요예배와 금요예배, 이번 기적이 상식이 되는 50일의 기도를 시작하면서는 매일 가다 보니 한 몇 년은 다닌 것 같습니다. 이렇게 교회 안으로 한 걸음 더 들어가다 보니 사십여 년의 신앙생활 가운데 느낄 수 없었던 교회 공동체의 힘을 느끼게 되었습니다. 50일의 기도 동안 주신 은혜를 생각해보니 가장 먼저는 매일 빠지지 않고 예배를 드린 것이 은혜입니다. 환경과 마음과 장소와 목사님 건강을 허락해 주신 하나님께 감사합니다.

기적이 상식이 되는 50일의 기도를 통해 받은 몇 가지 은혜를 나누어보려고 합니다. 첫 번째는 숙면하게 하시고 아침에 일어나면 내 마음에 계속 찬양이 흘러나왔습니다. 맨 처음에는 의식하지 못했는데 어느 날부터 찬양이 흘러나오는 나의 모습이 신기합니다. 하나님과 동행하는 것 같아 행복합니다.

두 번째는 남편이 예뻐 보입니다. 50일의 기도 초반에 남편이 예배를 빠지면 마음이 어려워지고 예배에 집중하기 어려웠습니다. 그 문제를 하나님께 내려놓으니 더는 힘들지 않았습니다. 하나님은 남편의 신앙을 내가 판단하고 내 마음대로 하려고 한 것이 주님의 뜻이 아니었음을 깨닫게 하셨습니다. 이것을 깨닫고 나니 서로 편해지고 남편이 예배에 나오지 못하는 것에 초점을 맞추는 것이 아니라 예배에 나오는 것이 고맙고 예뻐졌습니다. 이제는 계속해서 남편이 더 예뻐지게 해 달라고 기도하고 있습니다.

세 번째는 내 안에 악한 것이 많음을 알게 되고 치유가 일어났습니다. 첫 안수기도를 받으며 황반변성을 말씀드렸고 안수를 받았지만 아무런 변화가 없었습니다. 그래도 계속 기도를 했지만, 눈의 상태는 별 변화가 없었습니다. 그 순간 내 마음속에 '별거 없네'라는 마음이 들면서 갑자기 구역질이 나오기 시작했습니다. 내 안에 판단하는 마음, 악한 것이 있었던 것입니다. 목사님이 오셔서 기도를 해주셨고, 내 안에 있었던 악한 것이 소리를 지르며 나갔습니다. 그리고 내 팔다리가 저절로 움직이기 시작하면서 연약한 눈, 위, 난소로 손이 가며 누르기 시작했습니다. 성령님의 만져주심인 것 같았습니다. 처음 경험해서 신기하기도 하고 성령님이 내 안에 계신다는 생각이 들어왔습니다. 혼란스러우면서도 나의 연약한 부분들이 치료되는 것 같았습니다. 그날 밤은 밤새 손이 움직이며 잠을 제대로 이루지 못했습니다.

그 후로 기도하면 손이 저절로 움직이며 나의 연약한 부분이 만져집니다. '하나님, 이것이 성령님의 치료라면 다른 곳도 고쳐 주세요.' 치아가 시린 것과 비염을 생각하며 기도하였더니 손이 치아와 코로 가며 터치하게 하셨습니다. 이가 시려서 찬물로 양치도 못 하던 왼쪽 어금니가 이제는 아이스크림을 먹어도 시리지 않습니다. 또 비염도 많이 좋아졌습니다.

하나님은 나의 외적인 것뿐만 아니라 내적인 것도 치유해 주셨습니다. 내면의 불안으로 어지러움, 심장 두근거림이 있었는데 마음이 평안해지면서 증상이 없어졌습니다. 또 남을 판단하거나 비교하던 것도 주님 앞에 내려놓으며 남의 약점을 위해 기도하고 장점은 닮게 해달라고 기도하게 되었습니다. 그동안 나를 내적, 외적으로 사로잡고 있었던 문제들이 해결되면서 기쁨이 충만해졌습니다.

그러나 그것도 잠시 갑작스러운 잡생각들이 예배 시간이나 잠깐의 틈을 타며 들어오기 시작했습니다. 내가 주님 앞에 바로 서려고 하니 사탄이 나의 틈을 타고 공격한다는 생각이 들었습니다. 예수님의 이름으로 물리쳐 보았지만 쉽게 물러가진 않았습니다. 목사님께서 설교 말씀 중 생각을 생각하라고 말씀하셔서 안수를 받고 기도하면서 많이 좋아졌습니다.

네 번째는 내 안의 혈기를 다스려 달라고 기도했습니다. 특히 아이들이 말을 듣지 않을 때 화를 내고 또 돌아서면 후회하는 일들이 반복되곤 했습니다. 이 문제는 내가 노력해도 며칠뿐 다시 반복되어 힘이 들었습니다. 목사님께 이 문제를 말씀드리고 안수를 받았습니다. 목사님께서는 혈기의 버튼이 왜 눌러지는지 생각해보라고 하셨는데 왜 그러는지 선뜻 알 수 없었습니다. 그러다 기도하던 중 내가 사춘기 시절에 아버지께 받은 폭언의 영향이 아닐까 하는 생각을 주셨습니다.

어린 시절 아버지께서는 하시던 사업이 잘되지 않아 집에 계신 적이 있었습니다. 그때 아버지께서 말로 자녀들을 억눌렀는데 그 모습이 내 모습과 오버랩되었습니다. 이 문제를 놓고 하나님께 계속해서 기도하면서 아이들에게 사과도 했습니다. 아직도 잘 조절이 안 되지만 낙심하지 않고 소망 되시는 예수님을 바라보며 변화될 나를 기대해 봅니다. 의인은 넘어져도 다시 일어난다는 말씀이 내 안에 소망이 되기 때문입니다.

다섯 번째는 구원론이 바로 세워졌습니다. 예수님을 믿기 때문에 나는 천국 간다고 생각하며 살았습니다. 칭의 구원이 구원의 전부라고 생각했습니다. 그러면서 세상과 타협했고 교회에서 헌신의 모습과 봉사의 모습을 세상 사람들처럼 어리석은 모습으로 판단했습니다. 상급, 면류관 이런 단어들이 별 의미 없는 것으로 여겨졌습니다. 그러나 좋은나무교회를 다니면서 복음이 선명해지고 나니 성화 구원, 영화 구원을 이루어가는 성도의 삶을 살아야 함을 깨달았습니다. 그것은 내 힘으로 하는 것이 아니라 내 안에 계신 그리스도께서 하시게 하며 점점 되어지는 것임을 알게 되었습니다. 이 사실이 분명해질 때 삶은 단순해지며 모든 문제 가운데 정답은 예수 그리스도임을 알게 되었습니다.

말씀으로 나를 변화시키고, 나에게 부족한 기도를 회복시키시고, 은혜로운 공동체와의 교제를 허락하신 하나님께 감사드립니다. 나는 부족합니다. 그러나 내 안에 계신 예수님은 완전하십니다. 그 예수님의 이름을 의지하며 시작보다 끝이, 처음보다 나중이, 갈수록 좋아지는 나를 기대하며, 또한 나의 변화로 가정도 변화할 것을 기대하며 기도합니다. 주인이 분명한 사람! 예수님은 나의 주인이십니다.

만나다

장윤서 학생

교회 학생부에서 가졌던 릴레이 기도에 참여하면서 학생부 선생님들의 도움으로 방언을 받게 되었습니다. 그때 내가 느꼈던 체험은 아직도 잊히지 않습니다. 하지만 주님을 믿고 더 가까이 가는 자에게는 언제나 시험이 기다리고 있는 것 같습니다. 언제부턴가 나는 점점 기도하는 시간도 줄어들었고, 하나님을 바라보고 하나님을 만나는데 시간을 투자하기보다는 세상의 것에 집중하고 바라보았습니다. 점점 하나님과의 관계 속에서 멀어지고 있다는 것을 스스로 느꼈지만 내 마음속에 세상이 더 들어왔던 것 같습니다. 나는 다시 길을 찾지 못하고 두려움과 우울, 실망 속에서 헤매고 있었습니다.

처음 기적이 상식이 되는 50일의 기도를 시작하고 3일밖에 지나지 않았는데 하나님은 나에게 큰 은혜와 깨달음을 주셨습니다. 수요예배가 있던 날이었습니다. 그날은 나에게는 화가 나고 슬픈 일이 있어서 많이 피곤하고 지쳐 있던 상태였습니다. 그래도 교회는 꼭 가야 한다는 생각이 들어 참석하게 되었습니다. 그날 설교 후 기도하는 시간이었습니다. 그냥 간단하게 기도하고 집에 가려 했었는데 갑자기 내가 가장 좋아하는 찬양이 크게 울러 퍼졌습니다. 찬양의 가사 중에서 '두려움 다 내려놓고 주님만 의지해'라는 부분이 나올 때였습니다. 갑자기 알 수 없는 감정이 북받쳐 올라 마음속으로 하나님께 여쭤봤습니다.

'하나님, 어디 계시나요? 내 곁에 계신 건가요? 하나님, 내 곁을 떠나지 말아 주세요. 나랑 함께 있어 주세요.'

그때였습니다. 머리가 찡하게 아프면서 하나님의 소리가 들렸습니다.

'윤서야, 내 손을 잡아라. 내 손을 잡아라. 내가 네 곁에 있는데 왜 너는 다른 곳을 보고 있니? 나는 항상 너와 함께 있었다.'

그 순간 나도 알 수 없는 눈물이 펑펑 흘러나왔습니다. 그러면서 입을 닫고 기도하고 있었던 내가 꺽꺽 우느라 입이 벌어졌습니다. 그러자 내 입에서 새로운 방언들이 나왔고 끊임없이 흘러갔습니다. 목이 막히고, 코가 막히고, 머리가 아팠는데도 끊임없이 소리는 흘러나왔고, 울며 또 울었습니다.

'하나님은 나와 함께 계시는구나. 내 곁에 계셨구나.'

안도감과 행복으로 더 크게 더 크게 울었습니다. 그날 밤 휴대폰 갤러리를 둘러보다가 찍어놨던 구절을 우연히 발견하게 되었습니다.

나의 사랑하는 자가 내게 말하여 이르기를 나의 사랑,

나에게는 이 구절이 마치 예수님께서 나에게 해주신 말씀인 것 같았습니다. 예수님은 보잘것없고 어리석은 나의 의심에도 주님의 방법으로 나를 깨닫게 하시고 내가 다시 하나님의 곁으로 돌아올 수 있도록 잡아 주셨습니다. 이제는 내 생각을 버리고 하나님이 하시는 일, 하나님의 길을 묵묵히 순종하며 걸어가고 싶습니다. 하나님께서는 내가 생각하지 못한 상황에서 생각하지 못한 방법으로 나에게 큰 기적과 은혜를 주셨습니다.

이제 주님과 함께 걸어갈 나의 인생이 정말 기대되고 설렘으로 가득 찹니다. 앞으로도 늘 밝게 웃는 모습으로 하나님이 내게 주시는 일에 최선을 다하고 하나님과 동행하는 그런 사람이 되고 싶습니다. 이런 나의 고백에 아멘! 하고 믿습니다. 나를 사랑하시고 나의 곁에 늘 계시는 예수님은 나의 주인이십니다.

여보, 한 번만 교회 가보고

이정노 집사

"여보, 그럼 딱 한 번만 교회같이 가보고서 당신이 싫다면 안 갈게."

아내의 이 한 마디가 나의 인생 전체를 바꿔 놓았습니다. 사십 평생을 하나님도 모르고 교회도 싫어하던 나의 일생을 단번에 예수님의 사람으로 변화시켜 주셨습니다. 어릴 적 딱 두 번 교회에 가보았다는 아내는 결혼 후 나보다 3년 정도 먼저 예수님을 만나 교회에 다니기 시작했습니다. 예수님과 사랑에 빠진 아내를 못마땅해하고 있을 때 아내가 딱 한 번만 교회 가보자고 하니, 나는 나의 잔머리로 '옳다구나 이 기회에 아내를 교회 못 나가게 해야지' 하는 마음으로 교회를 따라나섰습니다. 그날이 2005년 12월 첫째 주, 주일예배였습니다.

그날을 나는 지금도 잊지 못하고 있습니다. 교회에 들어서는 순간, 왠지 모를 따뜻함과 편안함을 느꼈고, 목사님의 말씀을 꼬투리 잡으려고 듣고 있던 나의 귀에는 목사님의 말씀이 무슨 말씀인지도 잘 모르는데, 마냥 좋았고 부르는 노래(찬양)도 좋았습니다. 마치 아주 추운 겨울, 햇살이 비치는 양지바른 잔디밭에 가만히 앉아서 그 따뜻한 햇빛을 받으며 행복해하고 있는 모습이 마음속에 그려지면서 '이게 뭐지? 이 따뜻함은 뭘까?' 하며 사십 평생을 책임감과 염려와 걱정으로 살았던 나에게 알 수 없는 평안을 주었습니다. 그날 목사님께서 하신 말씀이 '평안을 너에게 주노라. 내가 주는 평안은 세상이 주는 것과 같지 아니 하니라.'라는 말씀이 나에게 실제가 되었습니다.

그리고 몇 년 후 연약한 믿음으로 굴곡지던 나의 믿음을 단번에 흔들림 없는 증거로 확증시켜 주신 날은 나의 두 번째 삶을 또 한 번 바꾸어 놓은 역사적인 날이었습니다. 바로 2015년 4월 1일 부활절 예배였습니다. BC와 AD를 나누는 기준이 예수님께서 이 땅에 오신 역사를 기준으로 나누었다는 것도 그날 정확하게 알았습니다.

예수님께서 실제 사람으로 태어나셔서 역사 속에 사셨던 분. 제자들과 3년 동안 하나님의 사역을 한 후 우리의 죄를 위해 십자가에 못 박혀 돌아가셨으며, 3일 만에 실제로 다시 살아나셨다는 것이 역사적 사실로 기록이 되어 있다는 말씀을 들었을 때 엄청난 충격과 함께 '그렇다면 예수님이 실제 하나님이시네!' 영의 눈이 떠져 나의 주인 되신 하나님이 보이는 것만 같았습니다.

그리고 부활하셔서 직접 하나님이심을 보여주신 것은 이미 우리의 창조주 하나님이시며 우리의 주인이심을 보여주시기 위함이었다는 것입니다. 예수님은 다시 성령님을 보내 주셔서 우리와 영원토록 동행하십니다. 하나님 보좌 우편에 앉아 계신 예수님을 주인으로 믿는 우리는 예수님과 함께 천국 백성이 되는 것입니다. 나에게 있어 최고의 선물이며 최고의 보배이신 예수님을 믿게 해 주신 하나님께 정말 감사드립니다.

평생을 내가 주인 되어 살았던 나에게 찾아오셔서 나의 마음에 예수님을 주인으로 영접하며 예수님이 나의 주인 나의 하나님 되셔서 나의 모든 일생과 영생까지 모두 책임져 주시는 예수님만 따라가기를 원합니다. 나같이 부족하고 어리석었던 자를 불러 주셔서 이제는 하나님의 지혜를 부어주시고 끝까지 동행하시는 은혜로 쓰임 받게 하심을 감사드립니다.

나와 같이 예수님을 나의 주인 나의 하나님으로 믿고 삶이 변화되고 구원받기 원하신다면 지금 이 순간, 믿음의 고백을 올려드리며 마음 안에 예수님을 영접하시는 축복이 있으시기 원합니다.

"하나님 아버지 나는 죄인입니다. 지금껏 내가 주인 되어 힘들게 살아왔습니다. 나는 예수님이 필요합니다. 예수님이 나의 죄를 담당하여 십자가에 죽으시고 사흘 만에 부활하신

것이 역사이고 사실임을 믿습니다. 이제부터 내 안에 들어오
서서 나의 주인이 되어 주시고, 나의 삶을 주관하여 주시고
동행하여 주시옵소서. 예수님의 이름으로 기도드립니다.
아멘."

예수님을 주인으로 영접하고 하나님의 자녀 된 권세가 회복되
어 주님과 행복한 삶을 사는 축복의 주인공이 되었습니다.

　　예수님의 공생애 기간을 잘 살펴보면 가장 먼저 귀신을 쫓아내고 병든 자를 치유하는 사역을 하셨습니다. 혹자는 초대교회의 성령의 시대는 끝났다고 합니다. 하지만 이천 년 전 예수님은 오늘도 동일하십니다. 이번 장에서는 인간의 지식이나 과학과 의학으로 설명할 수 없는 간증들을 모았습니다. 하나님의 표적을 의심하지 않고 요단강에 발을 내디딜 때 역사하시는 하나님을 만나보시기 바랍니다.

믿는 자들에게는 이런 표적이 따르리니 곧 그들이
내 이름으로 귀신을 쫓아내며 새 방언을 말하며
뱀을 집어올리며 무슨 독을 마실지라도 해를 받지 아니하며
병든 사람에게 손을 얹은즉 나으리라 (막 16:17-18)

생각이 바뀌면 인생이 바뀝니다

이성현 목사

지금 내가 생각하고 있는 것이 바로 나입니다. 나의 Identity는 지금 내가 하는 생각에 있습니다. 우리는 무수한 생각을 하며 매일 살아갑니다. 하지만 그 무수한 생각 속에서 생각을 분별해내지 못한다면 우리는 내가 살고 싶지 않은 인생을 살아갈 수도 있습니다. 다시 말해 내가 살고 싶은 인생을 살지 못하는 것이 생각을 통해서 결정됩니다.

정수기나 공기청정기의 가장 중요한 게 뭘까요? 바로 필터입니다. 아무리 정수기가 좋아도 필터가 안 좋으면 좋은 정수기로서의 가치가 없습니다. 공기청정기가 아무리 좋은 제품이라고 하더라도 여과기나 필터가 안 좋으면 그건 결코 좋은 제품이라고 할 수 없습니다.

인간은 하루에도 오만 가지가 넘는 생각을 한다고 합니다. 그 오만 가지가 넘는 생각들이 들어올 때 우리는 반드시 필터를 통해 생각을 걸러내어야 합니다. 그걸 걸러내지 못하면, 당연히 마귀가 주는 미혹된 생각이 내 생각인 줄 알고 살아갑니다. 예수님의 제자 가룟 유다가 왜 예수님을 팔았을까요?

그리고 그는 결국 비참하게 자결로 최후를 맞습니다. 가룟 유다를 처참한 인생으로 만든 것은 바로 생각입니다. 마귀가 가룟 유다의 마음에 예수를 팔 생각을 넣었습니다. 은 삼십에 사로잡힌 그 사탄의 생각이 자기 생각인 줄 알고 그냥 붙들려 버리니까 결국은 인생이 그렇게 비참하게 끝나게 된 것입니다.

많은 사람이 지금 우리가 사는 이 땅이 전부인 줄 압니다. 하지만 그것은 정말 큰 착각입니다. 우리는 다 죽습니다. 지금 우리에게는 보이지 않는 영원한 세계에서 하나님이 다 보고 계시고, 우리의 모든 걸 먹여 주시고, 입혀 주고 계십니다. 그리고 또 하나, 누가 있는 줄 아십니까? 바로 마귀가 있습니다. 마귀가 우리를 무시무시하게 쳐다보고 있습니다. 우리가 조금이라도 틈을 주거나 아니면 우리의 생각을 마귀가 주는 생각에 반응하면 마귀는 귀신같이 알고 들어옵니다.

우리는 마귀의 생각을 털어내야 합니다. 우리가 보는 이생이 전부가 아닙니다. 죽음 이후에 영원한 천국과 지옥이 있습니다. 지금 기회를 주고 계실 때, 내 생각을 빨리 버리고, 그것이 무엇이든 간에 하나님 생각이 아니라면 빨리 털어버릴 수 있어야 합니다. 그래서 정말 복음 안에, 진리 안에 자유함을 얻을 수 있는 우리 될 수 있기를 주의 이름으로 축원합니다.

내 마음의 생각과 중심이 주님 앞으로 나와 모든 것을 복종시킬 수 있어야 합니다. 바로 주님이 주시는 멍에와 주님이 주시는 짐이 바로 그 십자가의 길입니다. 그런데 놀라운 사실은 주님이 십자가에서 그걸 다 해결해 놓으셨다는 것입니다. 우리가 하나님을 대적하여 높아진 모든 생각을 사로잡아서 예수님 앞에 복종시키면 이렇게 고백하게 됩니다.

'아, 이건 내가 하는 게 아니구나! 예수님이 내 인생을 붙잡아 주시는구나! 예수님이 나와 함께하시는구나!'

예수님은 과거에도 계셨고, 지금도 계시고, 영원토록 계시는 그 예수님이 내 안에서 환하게 보여집니다. 그분의 손이 느껴집니다. 나 혼자 걷는 길인 줄 알았는데 절대 나 혼자의 길이 아니라는 것을 알게 됩니다. 항상 내 생각을 주님 앞에, 십자가 앞에 내려놓아야 합니다. 그리하면 말씀을 통해서 비록 좁은 길이지만 이 길이 사실은 편안한 길이고, 이 길이 가장 굉장히 쉬운 길이라는 것을 경험하게 됩니다.

세상 사람의 눈에는 50일 동안 기도하는 모습이 무슨 재미로 사냐 하겠지만 매일 밤 하나님께 나와서 기도해보세요. 하늘이 열려 있음을 봅니다. '하늘을 열어주세요'라고 기도하지 마시기 바랍니다. 하늘은 이미 열려 있습니다. 우리가 믿음으로 반응하면 됩니다.

〈 2021년 11월 7일 설교 中 〉

빛으로 인도하신 예수님

강효경 집사

기적이 상식이 되는 50일의 기도를 앞두고 내가 할 수 있는 만큼 하겠다는 마음을 먹었었습니다. 그런데 셀 리더님의 권면하시는 문자에 거부할 수 없는 무게감이 있었습니다. 그래서 바로 '네' 하고 순종했습니다. 그런데 우리 가정은 믿지 않는 가정이라 밤마다 나가는 것이 쉬운 것은 아니었지만 그래도 결단하게 되었습니다.

작년에 작정기도를 하며 한 끼 금식을 하며 체중이 감량되었는데 그것을 두고 믿지 않는 남편이 교회에 너무 고맙다는 이야기를 했었습니다. 하나님께서 그 말을 생각나게 하셨습니다. 나는 50일 동안 저녁 한 끼 금식을 하고 배고픔을 참기 위해 교회에 가겠다고 선포하는 지혜를 주셨습니다. 덕분에 끝까지 날마다 많은 은혜를 받으며 참여했습니다.

기적이 상식이 되는 50일의 기도 둘째 날 목사님께서 말씀해 주셨습니다. 내 안에 악한 것이 어떠한 모습으로든 나가는데 하품일 수도, 기침일 수도 있다고 잘 느껴보라는 말씀에 나한테는 어떤 모습으로 나갈지 궁금함이 생겼습니다. 지금까지 이런 영적인 일에 둔한 나는 그날은 잘 모르고 지나갔습니다.

그런데 그 주에 평상시와 다를 것 없이 구래동에서 집으로 걸어서 퇴근하는 길에 뱃속이 요동치기 시작했습니다. 평상시 나는 장 트러블이 자주 일어나는 사람은 아닌지라 무척 당황스럽게 한 걸음 한 걸음 걷다가 서다가를 반복하며 집 가까이 왔을 때 한계치에 도달했습니다. 아파트 단지 내 가장 끝쪽에 있는 집까지는 도저히 갈 수 없어서 힘든 발걸음을 겨우겨우 옮겨 관리사무실 옆 화장실을 향했습니다. 관리사무실로 내려가는 계단 앞에 왔을 때 한계치의 최고조를 찍으며 순간 저절로 '주여!' 하고 외치게 되었습니다. 부끄럽게도 평소 나는 '주여!' 하고 외치는 사람이 아니었습니다.

그렇게 관리사무소 옆 화장실에 도착해서 나는 깜짝 놀랐습니다. 피와 변이 섞여서 속옷도 모자라 바지까지 벌겋게 젖어 있었습니다. 순간 나에게는 내 안에 나쁜 것이 이렇게 빠져나갔다는 마음을 주셨는데 인간적인 마음에 어디가 아픈 것이 아닐까 하는 생각도 잠시 들었습니다. 하지만 50일의 기도에 하루하루 참석할 때마다 내 안에 나쁜 것이 빠져나간 게 맞았다는 확신이 생기게 되어 셀 모임에서 나누게 되었습니다. 그리고 인간적인 생각으로 걱정하실 분들을 위해 건강검진도 받았지만 아무 이상이 없었습니다.

얼마 전에는 꿈을 꾸게 되었습니다. 꿈속에서 많은 사람이 모여 있는 장소에 목사님께서 아주 아주 비싸 보이는 수백 벌의 모피가 걸린 행거를 가지고 오셨습니다. 그리고 그 값비싼 모피들을 모두 나눠 주려고 가지고 오신 듯했습니다. 나는 부러운 눈으로 보다가 일이 있어서 나왔는데 봉지 두 개를 가지고 나왔습니다. 포장이 되어 있어서 내용물은 보지 못했는데, 이 중 하나의 봉지는 그 주에 금요일 받게 된 방언이 아니었을까 생각이 들었습니다. 또 하나의 봉지는 무엇일지 기대하고 있습니다.

이것은 나에게 좋은 선물을 주실 것이라는 암시와도 같았습니다. 한 주간 방언을 사모하는 마음으로 준비하라는 목사님의 말씀에 우리 셀원들이 함께 응원해 주었습니다. 드디어 금요일, 목사님 안수기도 후에 혀가 나도 모르게 움직이는 것을 느끼게 되었습니다. 사실 나는 방언에는 원리가 있을 것이며 그것을 따라가다 보면 하게 될 것이라는 교만한 생각을 하고 있었습니다. 그런데 내가 아니라 혀가 저절로 움직이는 놀라움을 경험하게 되었습니다. 성령님을 통해 주님과 만날 수 있는 은혜를 받을 수 있도록 끝까지 함께해 준 셀 리더님과 셀원들 덕분입니다.

하나님께서는 예배를 통해 나에게 매일 한 사람씩 기도할 사람을 생각나게 해주셨습니다. 그중에는 얼마 전 일터에 한 사람이 다른 곳으로 발령 나면서 평소 5명이 하던 일을 4명이 하느라 힘든 중에 있는 팀원들을 위해서도 기도하게 되었습니다. 그런데 얼마 후 한 명이 충원된다는 소식을 듣고 옆 동료에게 말했습니다.

"할렐루야! 네요."

다시 말씀드리지만, 평소에 나는 할렐루야를 외치는 사람이 아닌데 말이죠. 다른 곳으로 간 동료의 빈자리에 있던 프린터기를 부서장님이 단호하게 인원 충원이 없으니 치우라고 이야기하셨었는데 충원이라니, 이건 하나님이 하신 일이 아니고서는 일어날 수 없는 일이었습니다.

이렇게 나에게 주신 변화의 은혜를 자꾸자꾸 나누고 싶어지고, 하나님이 하신 일들을 더 말하고 싶어지는 것이 나도 조금 신기합니다. 평상시에 나는 나의 이야기를 많이 하는 사람이 아닌데 많이 달라지고 있음을 스스로 느끼고 있습니다. 앞으로 기적이 상식이 되는 50일의 기도를 통해 더 많은 것들을 경험하게 하실 하나님을 더 기대하며 감사드립니다. 나의 어둠을 물리쳐 주시고 빛으로 인도하신 예수님은 나의 주인이십니다.

너는 예수님과 연애하는구나

이하랑 청년

"하나님 감사합니다. 하나님 사랑해요. 하나님이 짱이에요."
요즘 내 입에서 많이 나오는 말입니다. 살면서 처음으로 행복하다는 말을 하고 있습니다. 나 스스로 신기하고 놀랄 때가 많습니다. 예전에는 원망, 불평, 염려, 두려움 등 살기 싫다, 죽고 싶다는 말을 달고 살았는데, 요즘에는 감사하다, 행복하다는 말을 달고 삽니다.

나는 지금까지 살면서 사람이 좋았던 적이 없었고 사람들과 인사하는 것도 너무 힘들었고, 누가 나를 쳐다봐도 싫었고, 함께 대화하는 것, 어울리는 것, 놀러 다니는 것 이런 것들이 가장 싫고 어려웠던 사람이었습니다. 몇 개월 동안 집에서 문밖을 한 번도 나가지 않은 적도 있었습니다. 사람 많은 곳에 가거나 뭔가 불안한 상황이 오면 숨조차 쉴 수 없어서 힘들어 도움을 청할 때도 많았습니다. 나의 소원은 아무도 없는 무인도에서 혼자 살고 싶다던가, 아니면 빨리 이 세상에서 사라져서 힘들게 살지 않아도 되는 시간이 빨리 오기만을 기다리던 때도 있었습니다.

그렇게 기도밖에 할 수 없는 나날을 보내던 어느 날, 방 안에만 있는 나에게 어머니께서 복음을 전해주셨습니다. 2,000년 전 예수님이 나의 죄와 죽음의 권세까지 모두 해결하시기 위해 십자가에 달려 돌아가셨고, 3일 만에 부활하셔서 죽은 자와 산 자의 주인이 되셨다는 말씀과 함께 예수님이 부활 승천하실 때, 성령님을 보내 주셔서 나와 함께 하시고, 또 영원히 함께 하신다는 말씀을 전해주셨습니다.

나는 이때 뭔지 모를 빛 한줄기가 나의 마음과 영혼에 내려오는 것을 느꼈습니다. 그리고 그때부터 나의 마음과 생각이 조금씩 달라지기 시작했고, 그 후 얼마 안 되어 이제는 밖에 나가고 싶다는 생각을 하게 되면서 하나님과 함께 걸으며 동행하는 첫 걸음을 시작하게 되었습니다.

아무것도 할 수 없었던 나를 하나님은 변화시켜 주셨습니다. 밖에도 못 나가고 사람도 못 만나던 내가 어느 날부터 사람들이 많은 카페에서 열심히 응대하며 그리고 즐겁게 일을 할 수 있게 되었습니다. 정말 기적이었습니다.

나중을 위해 아르바이트가 아닌 정직원으로 취업을 하려고 준비하였습니다. 하지만 대부분 정직원은 주일에도 근무해야 했습니다. 면접을 볼 때마다 나의 조건은 하나였습니다.

"저는 주일에는 교회를 가야 합니다. 평일에 더 열심히 일하겠습니다."

하지만 대부분은 이런 나의 조건을 탐탁지 않게 생각했습니다. 그렇게 한 달, 두 달, 석 달 계속해서 할 일이 없이 기다리려니 힘이 들었습니다. 그때 목사님께 배운 미리 감사의 기도로 매일 하나님께 올려드렸습니다.

'하나님, 주일을 지키고 미래를 위해 준비할 수 있는 조건에 딱 맞는 좋은 직장을 허락하시니 감사합니다.'

그렇게 기도하는 마음으로 하루하루를 지냈습니다.

매일 같이 일자리를 찾고 이력서를 여기저기 뿌리던 중 집과의 거리도 멀고 차편도 없는 데다가, 주일에 일해야 하는 조건 등등 전혀 가망이 없어 보이는 곳에서 연락이 왔습니다. 나는 부담도 기대도 없이 연습 삼아 편한 마음으로 면접에 응했습니다. 그런데 면접 도중 면접관께서 깜짝 놀랄 말씀을 하는 것입니다.

"다음 주 월요일부터 출근했으면 좋겠네요. 주일 날 교회에 가는 것은 어쩔 수 없죠. 그리고 우리는 직원들을 위해 차량을 운행합니다."

그 말과 함께 그 자리에서 직원으로 채용되었습니다.

정말 하나님이 하셨습니다. 나중에 알고 보니 그 카페는 주일 매출이 평일 매출의 4배 이상이라 주말에 쉬는 직원은 아직 한 번도 없었고, 내가 처음 있는 일이라고 했습니다. 또 요즘 보기 드문 마음 자세가 준비된 청년이라는 나에 대한 평가도 들려 왔습니다. 나는 이곳에 하나님께서 인도해 주신 것을 확신하게 되었습니다. 나의 미리 감사기도 제목이었던 주일성수, 출퇴근 차량운행, 직원도 많고, 할 일도 많고, 손님도 많아서 정신없이 일하며 배울 수 있는 곳에서 내가 생각했던 모든 조건을 그것도 나에게만 딱 맞춰서 만들어 주신 듯했습니다.

이곳에서는 훗날 하나님의 비전을 이루기 위한 사업을 준비할 수 있는 좋은 배움터가 되고 있었습니다. 이곳에서 가장 중요하게 보는 것은 사람들과의 소통, 인사 잘하기, 큰 소리로 말하기, 미소와 밝은 표정 짓기, 보고 잘하기 등등이었습니다. 하나님은 나에게 가장 연약한 부분만을 콕 집어서 훈련하고 개조시키기 위해 이곳으로 인도하셨습니다. 아무리 생각해도 정말 신기하고 놀라울 뿐입니다.

어느 날, 사람을 두려워하던 나를 하나님은 또 이렇게 만져주셨습니다. 근무 중에 여러 가지 두려워하는 상황이 벌어졌을 때는 '이 직장은 하나님이 보내주신 거야. 사람 두려워할 필요 없이 그냥 하나님만 두려워하자. 그러면 사람이나 상황 같은 것을 두려워할 필요가 없다'라는 마음이 들었습니다. '아, 하나님이 나의 주인이시지. 하나님이 나를 이곳에 보내셨지.' 하며 마치 요셉과 같은 마음이 들어오면서 무언가에 강하게 묶여 있던 내 몸과 마음의 사슬이 한순간에 사라지며 평안함과 자유함을 느끼게 되었습니다.

그날 저녁 집에서 엄마와 하루 동안 있었던 일을 나누는 중에 그날 수요예배에 목사님께서 선포하신 하나님 말씀이 "두려워할 자를 두려워하면, 두려워하지 않아도 될 것들을 두려워하지 않게 된다"라는 것을 전해 듣게 되었습니다. 예수님이 보내신 성령 하나님께서 나에게 임하셔서 나를 치료하신 것입니다. 할렐루야! 그날 이후로 하나님께서 내 인생에서 가장 힘든 그 부분을 돌파하게 해주셨습니다.

직장에서 우리 교회와 하나님에 관한 이야기들을 간증하였고, 그런 나의 모습을 보며 신기해하던 언니는 "너는 예수님과 연애하는구나"라고 말해주어 정말 행복했습니다. 또 나의 일하는 모습과 생활 태도를 보신 직장 상사가 주일에 일할 수 없는 하랑이를 왜 채용했는지 알겠다며, 하랑이 같은 아이가 있어서 정말 다행이다, 믿고 맡길 수 있겠다는 이야기를 듣는 순간 심장이 쿵하며 나를 사랑하시는 하나님을 더 느낄 수 있게 되었습니다.

나는 요셉처럼, 하나님이 언제나 함께하시며 형통한 삶, 로렌스 형제처럼 성령님이 항상 함께 계시는 은혜를 맛보며 이 은혜를 천국까지 누리며 예수님과 늘 연애하듯이 살고 싶습니다. 여기까지 인도해 주신 예수님은, 나를 사랑하시는 나의 주인이십니다.

내 옆에 계신 예수님

이은진 성도

나의 부모님은 내가 2살 때 이혼하시고 나랑 오빠는 엄마와 살게 되었습니다. 그러다가 7살이 되어서는 엄마가 아빠에게 우리 오누이를 맡기고 일주일 뒤에 데리러 오겠다고 약속했지만, 엄마는 결국 오지 않았습니다. 그 후부터 새엄마와 아빠가 나를 때리고 구박을 하며 집안일을 시키기 시작했습니다. 나는 맞기 싫어서 집안일을 하기 시작했지만, 집안일을 더럽게 했다고 또 매를 맞았습니다.

새엄마는 기독교인이었습니다. 새엄마가 교회를 데리고 갔는데 그게 너무 좋았습니다. 새엄마는 교회에서는 한없이 착하지만, 집에 오면 다른 사람이 되어 때리고 구박하거나, 벌을 세우거나, 밥을 굶기기 일쑤였습니다. 일주일을 그렇게 혼이 나도 나는 교회에 가는 날만 기다리며 버티고 버텼습니다. 새엄마가 교회 있는 동안은 때리지 않아서 좋았고, 교회 있는 순간에는 마음도 편안했습니다.

어느 날 새엄마가 "너는 네 엄마랑 똑같이 생겨서 꼴 보기 싫다." 하며 나를 때리기 시작했습니다. 나는 그 순간에 마음속으로 '하나님 나 좀 살려주세요.'라고 간절히 기도했습니다. 하지만 한편으로는 하나님이 너무 미웠습니다. 날 이렇게 힘들게 하시고 이렇게 맞고 사는데 왜 안 도와주시나 생각하며 15년 동안을 원망 속에서 교회를 다니고 또 한편으론 하나님을 의지했습니다.

그때는 몰랐습니다. 주님이 나를 지켜 주고 계시다는 걸요. 내가 목숨을 끊으려고 하는 순간에도 '하나님 나 빨리 죽게 해주세요. 너무 힘들어요. 살기 싫어요. 죽어서 빨리 천국으로 가게 해주세요. 제발 내 기도를 들어 주세요.'라고 기도했습니다. 그것 또한 죄인 걸 그때는 몰랐습니다.

하나님께서는 이렇게 사는 나의 삶에 종지부를 찍어주셨습니다. 좋은나무교회에 오게 되었고, 하나님을 만나게 된 것입니다. 교회에서 예배를 드리던 어느 날 목사님의 안수기도를 받았습니다. 일곱 살에 엄마와 헤어지는 모습부터 내가 어릴 적 힘들었던 순간, 새엄마에게 아무 이유 없이 맞는 순간, 죽으려고 차에 뛰어들까 서 있는 모습까지 다 생각나게 하시고 보여주셨습니다. 심지어 오빠랑 저랑 어쩔 수 없이 보낸 엄마의 뒷모습, 엄마가 집에 어떻게 가시는지의 모습까지 보여주셨습니다. 끝도 없이 눈물이 났습니다.

'정말 모든 순간 하나님이 함께하셨구나.'

그날 저녁 엄마에게 전화를 드렸습니다.

"엄마, 우리 어릴 적에 아빠한테 보낸 날…… 엄마도 마음이 찢어지게 아팠겠다…… 그걸 이제야 물어보네."

"아니야…… 엄마가 너무너무 미안해…… 그때 보내는 게 아니었어…… 정말 미안해……"

엄마의 그 말에 가슴이 미어졌습니다.

엄마와의 통화 이후에도 계속 기도를 하며 나의 모든 두려움을 주님께 맡겼습니다. '그래 하나님께서 내 아버지인데 뭘 두려워해. 모든 걸 맡기자.'라는 생각을 주셨습니다. 그리고 기도할 때 나도 미처 모르고 있었던 내 속에 있는 더러운 것들이 빠져나가는 걸 느꼈습니다. 기도하면서 평안함 가운데 쉼을 얻었습니다. 하나님께서는 환상을 통해 나의 모습을 보여주셨습니다. 내가 푸른 초원에서 아이처럼 뛰어놀며 너무 즐거워하고 있는데 그 모습을 하나님께서 지켜보고 계셨습니다.

그리고 눈을 떴는데 옆에서 함께 기도해주시던 리더님이 하나님께 이렇게 질문해보라고 하셨습니다.

"하나님, 내가 그렇게 힘들 때 어디 계셨어요?"

내 질문이 끝나기도 전에 주님은 말씀하셨습니다.

"나는 네 옆에 있었다. 나는 너와 늘 함께 있었다."

어릴 적 차비가 없어 일하던 공장에서 학교로 걸어가는 모습을 보여주셨습니다. 배가 고파 김밥집을 지나치며 김밥을 먹고 싶어 하던 그 순간에도, 새엄마에게 이유 없이 맞는 순간에도 너와 함께 있었다 하시는 주님.

내가 모르고 살았구나! 정말 나와 함께 하셨구나! 깨우치는데 이제 너와 함께 하리라 하시는 주님. 평안을 너에게 주신다는 주님. 감사합니다.

나는 어릴 적 발목을 다쳤었는데 제때 치료를 하지 못해 그대로 뼈가 잘못 붙어버렸습니다. 그 영향으로 지금껏 진통제를 먹지 않으면 통증이 너무 심했습니다. 그런 제 발목이 예배를 마치고 집으로 가기 위해 계단을 내려가는데 하나도 아프지 않고 통증도 없이 정말 가볍게 내려가 졌습니다. 늘 달고 실던 두통도 사라졌습니다. 집에 와서 몸도 가뿐해지고 기분이 너무 좋으니 되려 잠이 오지 않았습니다. 너무 들떠서요. 그렇게 누워있었는데 눈 떠보니 아침이었습니다. 정말 오랜만에 숙면이었습니다.

하루는 시댁에 가야 할 일이 있어 2~3시간 장거리 운전을 했습니다. 평소와 달리 운전 중에 발목의 통증을 느끼지 못했습니다. 평소에 운전하다 터널에만 들어가도 가슴이 답답해지고 숨도 잘 쉬어지지 않았던 증상들까지도 말끔히 사라졌습니다. 시댁에서 늘 느끼던 불편함 대신에 모든 상황마다 즐겁고 좋은 마음으로 하자는 생각을 가지게 해주셨습니다. 아이들에게도 엄격하고 무섭게 대하던 나의 모습이 조금씩 변화되면서 친절하고 편안한 엄마가 되어가고 있는 것 같습니다. 아이들 얼굴이 달라지고 있는 것이 보이기 시작했습니다.

언제나 나와 함께 하셨던 주님. 나에게 치유와 행복과 평안함을 주신 주님 감사합니다. 이제는 나의 모든 상처가 별이 되어 나와 같이 어둠 가운데 고통받고 있는 많은 이들에게 주님의 사랑을 전하고 싶습니다. 나의 모든 삶이 앞으로도 항상 주님과 함께 살면서 행복하게 살아가기를 원합니다. 주님 사랑합니다.

엄마와의 관계가 회복되다

계재만 집사

주님 앞에 기도할 때 '낮은 자존감'이라는 단어가 생각났습니다. '하나님께서 나의 낮은 자존감을 끊어 주시겠구나.' 하는 기대하는 마음으로 기도를 하는데 엄마가 생각났습니다. 나에게 엄마는 그리움보다는 어릴 때 상처를 준 분, 사랑보다 미움과 원망의 대상이고 돌아가신 지 10년이 넘은 그런 분이었습니다. 왜 엄마가 기도 중에 갑자기 생각이 날까?

며칠 전 한 집사님과 대화 중에 엄마에 관한 이야기가 나왔습니다. 나눔 가운데 나의 말속에 미움과 원망의 말이 나오는 것을 보고 그 집사님께서 이제는 엄마를 용서해드리라고 하였습니다. 돌아가신 지 10년이 넘었고, 나도 나이가 들었고, 또 화해 당사자도 없는데 용서를 할 수 있을까? 하는 마음이 먼저 들었습니다. 하지만 기도하는 중에 권면해 주셨던 집사님의 이야기가 생각나 '주님, 이제는 엄마를 용서하고 싶어요.'라고 고백하였습니다.

엄마를 용서하고 싶은 마음으로 기도를 시작했지만, 막상 엄마만 떠올려도 상처가 되었던 말들과 가장 필요로 할 때 사랑보다는 무관심으로 대한 것들에 대한 서운함과 억울함 그리고 미워지는 마음에 눈물이 나왔습니다.

세월이 이렇게나 지났어도 늘 내 마음속에서 원망과 억울함으로 자리 잡고 있었던 몇 가지 기억들이 있었습니다. 보통 자식 사랑을 비유할 때 열 손가락 깨물어서 안 아픈 손가락이 있냐며 똑같이 사랑한다고 합니다. 하지만 엄마가 가장 많이 하신 말씀은 "큰오빠가 잘 돼야 우리 집이 일어설 수 있다." 하시며 언니들은 초등학교 졸업 후 공장에 보내 딸들이 보내준 돈으로 큰오빠 학비며 용돈까지 보태어주었던 일들이 지워지지 않았습니다.

또 내가 아파 조퇴를 하고 저녁을 못 먹고 있을 때, 나는 할머니 방에 있고, 엄마는 바로 옆방에 계셨습니다. 내심 엄마가 오셔서 머리라도 한번 만져주셨으면 했지만, 아침에서야 오셔서는 "엄마가 어제 오지 않아서 서운했어?"라고 하셨습니다. 이미 딸의 마음을 알고 계셨으면서도 와주지 않은 엄마가 더 서운했던 일.

감기로 목이 쉬도록 기침하며 아플 때는 무에 꿀을 넣어 장작불에 구워서 그 물을 먹으면 나았기에 그것을 해달라고 엄마에게 몇 번을 졸랐습니다. 하지만 내 말에는 해주지 않다가 남동생이 기침하니까 바로 해주서서 동생 덕분에 얻어먹었던 일 등 여러 가지 일들이 스쳐 지나갔습니다.

그리고 집안 사정으로 고등학교 자퇴할 때 너무 당연하게 한 시름 놨다며 흘리는 말. 학교를 못 다니게 된 딸의 마음을 헤아리기보다는 무관심하고 무책임하게 자식들을 키웠다는 생각에 나의 마음은 힘들기만 했습니다.

다음날 기도하는 중에 '하나님, 엄마가 나를 사랑하셨나요?' 여쭤보았습니다. 그때 언젠가 아무것도 없는 살림에 9남매 버리지 않고 키워준 것만도 감사하게 생각하자고 했던 언니의 말이 생각났습니다. 그때는 그 말에 "엄마잖아, 엄마니까 당연한 거지."라며 너무 당연하게 생각했습니다. 그 일들이 스쳐 지나가면서 갑자기 엄마에게 감사하고 고맙다는 마음이 들었습니다. 그리고 살아계실 때 한 번도 고맙다고, 감사하다고, 말씀드리지 못한 것이 너무 죄송하고 미안한 마음에 가슴이 미어지며 오열이 나왔습니다.

'하나님, 엄마 천국에 계시죠? 엄마에게 감사하다고 고맙다고 전해주세요.' 이렇게라도 전하지 못한 마음을 전하고 싶었습니다. 이제는 엄마를 진짜 용서했다는 마음이 들었습니다.

청년 때 언니와 둘이 타지 생활하면서 위험하고 어려운 일들도 몇 번 있었지만 무사했던 일들이 하나씩 떠오르면서 그 생각 끝에 부모님의 기도가 생각이 났습니다. 엄마는 돌아가시기 전까지 몇십 년 동안 새벽 기도를 빠짐없이 나가셨습니다. 그 기도가 나를 지켜 주고 또 삶에서 평탄한 삶을 살아가고 있는 것이 다시금 깨달아졌습니다. 이런 은혜를 누릴 수 있는 것이 부모님 기도 덕분이라는 생각을 주셨습니다.

내가 자녀를 위해 기도할 때 그 자녀를 사랑하고 하나님 그늘 안에서 평탄하게 살기를 원하기에 하나님 앞에 더 엎드려 기도합니다. 그것처럼 엄마도 나와 같은 마음으로 자녀들을 위해 나를 사랑하기에 새벽마다 눈물로 기도하셨음을 알게 하셨습니다. 이제야 엄마의 사랑을 처음으로 온 마음으로 알게 되었습니다.

철없는 딸이 뒤늦게 엄마 사랑을 깨달으니 너무 죄송해서 엉엉 울 수밖에 없었습니다. 항상 엄마는 가해자이고 나는 피해자이기에 엄마를 용서해야 한다고 생각했습니다. 하지만 부모님의 사랑 앞에 용서라는 말을 감히 꺼낼 수도 없다는 것을 깨닫자 죄송하고 죄송한 마음뿐이었습니다. 가장 귀한 믿음의 유산을 물려주신 부모님께 감사하는 마음을 잊지 않으려고 합니다.

사랑을 깨달은 만큼 나도 자녀뿐 아니라 다른 사람을 사랑할 수 있음을 알게 하시니 감사합니다. 주님, 감사하는 마음으로 사

랑하고 베풀고 섬기는 나의 삶이 되게 해주실 것을 믿고 감사드
립니다. 늘 부족해도 이끌어주실 나의 주인 되신 예수님 감사하
고 사랑합니다.

큰 평안 그리고 치료하심

서광자 권사

나는 잘 걸을 수 없을 정도로 허리와 다리의 고통이 심해서 결국 고관절 수술을 받게 되었습니다. 수술을 준비하는 동안 목사님께서 기도를 많이 해주셨습니다.

수술이 시작될 때 걱정과 두려움이 찾아왔습니다. 하지만 하나님의 은혜로 '너 근심 걱정 말아라 주 너를 지키리' 찬송을 흥얼거리며 나도 모르게 마취에 들어가 평안하고 담대하게 수술받을 수 있었습니다. 수술받는 내내 성령님이 나를 그 품에 안아주신 듯 함께 해주셨습니다. 고관절 수술은 제법 큰 수술이라 통증도 심하고 회복도 어렵다고 하는데, 나는 웬일인지 심한 통증도 없고 회복도 빨랐습니다. 무통 주사도 맞지 않고 수혈도 받지 않았습니다. 염려스러웠던 혈압도 며칠 만에 정상으로 잡혔습니다. 병원에서도 이런 사람 몇 안 되고 회복이 엄청 빠르다고 신기해했습니다. 하나님께 매달렸더니 하나님은 두려워하는 마음을 버리고 세상이 줄 수 없는 마음의 평안과 기쁨을 주셨습니다.

수술 후 3일째 되는 날, 침대에 누워 하늘을 보니 파란 하늘에 흰 구름이 너무 아름다워 보였습니다. 그동안 늘 있는 것이라 당연히 여겼던 것인데, 그날따라 유난히 감사하고 천국이 따로 없다는 기쁘고 행복한 마음이 가득 차올랐습니다. 수술 통증 때문에 아파서 괴로워해야 할 시간에 하나님의 은혜가 너무 감사하고 모든 것이 아름다워 보이니 기적이란 이런 것인가 봅니다. 그리고 주님이 내 안에 함께 계시면 그 어디나 하늘나라 바로 천국입니다.

병실에서는 앱으로 성경 듣기와 핸드폰으로 실시간 예배를 드렸습니다. 아파서 병실에 있으니 하나님만 생각하고 하나님 말씀만 듣게 되었습니다. 나의 고난이 오히려 더 주님과 함께 있을 수 있는 몇 배의 은혜를 맛보는 기회가 되었습니다. 특히 몸이 아프다 보니 모든 것이 하나님의 은혜요 모든 것이 감사로 취해졌습니다. 숨 쉬는 것, 눈으로 볼 수 있는 것, 입과 목소리로 하나님을 찬송할 수 있다는 것, 걸을 수 있다는 것, 잠을 잘 수 있는 것도 모두가 기적이고 감사라는 것을 깨닫는 눈을 열어주셨습니다.

이렇게 모든 것에 감사해서 그럴까요. 하나님은 감사할 일을 계속 만들어 주셨습니다. 병원 수술비만 해도 백만 원이 훨씬 넘을 줄 알았는데, 단돈 7만 5천 원 밖에 나오지 않았다는 것입니다. 믿기지 않아 아들이 몇 차례 확인까지 했습니다. 이 또한 주님이 하셨습니다. 하나님 감사합니다!

모든 것에 함께 하신 하나님을 보게 되니 나는 그동안 드리지 못했던 모든 예배를 더 간절히 사모하게 되었고 하루빨리 교회에 가고 싶었습니다. 병원에서는 3개월 동안 병원에서 재활치료를 받으라고 했지만, 회복이 빨라서 저는 한 달 만에 퇴원하였습니다. 그리고 교회 올 생각에 마음이 부풀어 있었습니다. 성도님들의 도움을 받아 드디어 예배에 참석했습니다. 정말 기쁘고 감동이었습니다.

예배 시간에는 앞으로 나가 방석에 앉아서 기도 받고 싶었습니다. 하지만 나는 다리를 구부릴 수도 없고 누울 수도 없어 의자에 앉아있어야만 했습니다. 그런 내가 나도 모르게 일어나 앞으로 나가 방석에 앉아서 기도를 받게 되었고 좀 무리가 되는 듯하여 그대로 누워서 기도하게 되었습니다. 기도가 끝난 후에는 성도님들의 도움으로 자리에서 일어났습니다. 나는 집에서도 바닥에 앉거나 누울 수 없어서 의자에 앉거나 침대에 누워 생활하고 있습니다. 그리고 일어날 때는 한번 구르고, 다리를 먼저 내린 후 일어설 수 있는 상태였습니다.

다음 날 전날과 똑같은 자세로 기도하고 일어나려고 하는데 음성이 들려 왔습니다. "일어나 봐, 일어나 봐, 일어나 봐." 세 번의 음성이 들렸는데 자신이 없었습니다. 또다시 두 번의 음성이 들려 왔습니다. 일어나라고. '주님, 도와주세요.' 힘을 내어 일어

나려고 했습니다. 그때 내가 일어나는 것을 도와주시려는 성도
님들께 "내가 스스로 한번 일어나 볼게요." 하고 천천히 일어나
는데 몸이 가뿐히 일어서게 되었습니다. 주님이 나를 붙잡아 주
신 것입니다. 그다음 날에도 도움 없이 혼자 일어났습니다. 하나
님! 감사합니다!

이런 나를 세상 사람들이 보면 놀랄 일이 또 있습니다. 김포에
서 파주로, 그것도 비가 쏟아지는 날에 셀 모임 나들이를 다녀왔
습니다. 총 6~7시간을 차에서 또는 빗속을 걸어 다니며 더 재미
있고, 더 은혜가 넘쳤습니다. 걸음도 잘 못 걷는 내가 무리 없이
공동체와 함께 다녀온 것은 정말 기적입니다.

나는 질병이 나쁜 것인 줄로만 알고 있었습니다. 하지만 질병
을 통하여 하나님의 동행하심을 체험하고 누리고 있습니다. 하
나님께서 나를 정말 사랑하신다는 것을 순간순간마다 느낍니다.
무엇보다 교회의 소중함과 예배를 드릴 수 있다는 것, 목사님과
교회, 사랑의 공동체가 이 세상 그 무엇보다 더 귀하고 소중하다
는 것을 많이 깨닫게 됩니다.

나의 한 가지 소원이 있다면 천국 가는 그날까지 최고의 예배
자가 되어 주님과 함께 살아가는 것입니다. 지금까지 인도해 주
신 예수님은 나의 주인이십니다. 주님, 감사하고 사랑합니다.

은혜

박미숙 집사

좋은나무교회에는 하나님의 은혜와 예수님의 사랑 성령님의 역사를 함께 체험하며 살아계신 하나님을 만나는 귀한 예배가 있습니다.

예배와 기도 중 나는 성령 하나님을 만나 내가 태중에 있었을 때 어머니가 나를 낙태시키려는 과정 중에 생긴 '거절과 버림받음'에 대한 상처를 보게 하셨습니다. 나는 그때의 상처와 쓴 뿌리로 인해 공동체 안에서 외로움과 소외감을 많이 느끼며 힘이 들었는데 주님의 십자가 사랑으로 치유해 주셨습니다.

모든 상황에서도 나를 위해 죽으시고 부활하시어 나의 주인이 되어 주님을 바라보게 하시는 은혜를 주셨습니다. 나의 작은아버지께서 간경화 말기로 6개월 시한부 삶을 판정받았을 때 생명의 주인 되신 주님께 믿음으로 맡겨드리는 은혜를 주시며 교회 공동체에서 합심하여 작은아버지를 위해 기도해주셨습니다. 기도한 후 얼마 되지 않아 작은아버지에게 딱 맞는 간 이식을 할 수 있는 뇌사 환자가 나와서 정말 기적적으로 100% 간 이식 수술을 받게 되었습니다. 1년 후 작은아버지는 직장도 다니며 생활할 수 있게 되면서 놀라운 하나님의 은혜를 경험하며 살고 계십니다.

큰딸의 대입 과정에서는 4개의 학교에 원서를 넣고 미리 감사 노트를 기록하며 6개월간 선포하였는데 기도한 대로 4개의 대학 중에서 원하는 곳을 골라서 입학할 수 있는 큰 은혜를 경험하게 하셨습니다.

5촌 아주머니께서는 2년간의 암 투병으로 실명까지 되면서 호스피스 병원에서 소망 없이 죽음을 기다리고 계시는 상황이었습니다. 그런 5촌 아주머니를 위해 21일 동안 작정 기도를 올리게 하셨고 하늘의 소망, 천국 소망을 담대하게 전하게 하셨습니다. 이후 하나님은 담임목사님의 심방과 공동체의 합심 기도로 6개월 동안 설교 녹취를 듣고 예수님을 영접하고 천국 백성이 되는 가족 구원의 약속을 신실하게 이루어가게 하셨습니다.

파주에서 김포로 성전 이전하고 건축하는 동안에는 모든 과정마다 섬세하게 만남의 축복과 물권을 예비하시고 일하시는 하나님을 신뢰할 수 있도록 많은 표적과 은혜를 보여주셨습니다.

이렇게 많은 기적과 은혜를 경험하고도 나는 다른 사람들의 간증과 기적의 은혜를 들으며 어느새 이전에 행하신 하나님의 표적은 잊고 다른 사람들과 비교하게 되었습니다. 목사님 말씀처럼 은혜의 단비가 내리는데 정작 나 자신은 무미건조하게 시간을 보내며 기도하는 중에도 끊임없는 부정적이고 안될 일들에 대한 생각으로 기도조차 할 수 없는 혼돈의 시간이 많았습니다.

그러다가 목사님의 말씀과 기도에 집중하기로 마음을 정하고 뜻을 정하여 하나님께 초점을 맞추었습니다. 그러자 내 안에 있던 어둠, 모태에서 형성된 죽음의 영, 비교하는 마음, 낮은 자존감과 실패에 대한 두려움 등 모든 악한 영이 내 안에서 예수의 이름으로 떠나가는 은혜를 주시며 자유함을 주셨습니다. 하나님을 제한하는 내 생각들이 나의 거꾸로 된 깔때기의 모습이라는 것을 깨닫게 해주셨습니다.

'주님, 내 생각들을 영적으로 분별할 수 있도록 도와주세요.' 기도했습니다. 주님은 바로 나의 거꾸로 쏟아지게 서 있는 깔때기를 정상적으로 세워주시는 모습을 보여주셨고, 며칠이 지나지 않아 많은 것을 받아 낼 수 있는 거대한 크기의 깔때기로 변한 모습을 보게 하셨습니다.

지금도 하나님은 은혜를 주시고 계십니다. 둘째 딸은 미술대학을 목표로 고3 마지막 지필 평가를 마쳤습니다. 내신이 많이 부족하여 실기에 집중하고 있었는데 이번 모의고사에서 수학 석

차가 3등이라는 기적을 경험하게 하셨습니다. 딸은 문자로 하나님이 기적을 주셨다며 고백하였습니다. 큰딸을 위해서는 입학부터 졸업까지 장학금 받게 하심을 미리 감사하면서 기도드리고 있습니다. 첫 장학금을 첫 소산으로 하나님께 올려드리라는 감동을 주시어 순종하는 마음으로 드렸습니다. 그 후 재차 장학금을 주셨고 이번 학기에는 등록금은 감면받고 장학금은 받게 하시는 하나님의 열심을 보게 하셨습니다.

나는 성전 가까이 김포로 이사를 오고 싶어 기도하고 있었습니다. 파주에 있는 집을 내놓은 지 1년 반이 되어서야 드디어 집을 보러 오는 사람이 생겼습니다. 갈급한 마음으로 공동체에 중보기도를 부탁하고 나서 30분 만에 집을 계약하자고 연락이 왔습니다. 할렐루야!

우리가 기도할 때 일하시고 기적을 베푸시는 하나님, 하나님만 신뢰하고 나아갈 때 늘 승리할 수 있도록 능력을 더욱 부어주시는 하나님. 이전에도, 현재도, 앞으로도 하나님의 기적은 계속되고 있음을 때때마다 보게 하시는 하나님. 사랑과 은혜로 구원의 선물을 허락하시는 주님 감사합니다. 하나님과 항상 동행하기 원합니다. 지금까지 인도해 주신 하나님은 나의 주인이십니다.

회복과 치유

김영희 집사

할렐루야! 주님을 찬양합니다. 우리 집은 양가가 모두 불교 집안입니다. 그래서 교회에 다니기 전에는 남편과 함께 절에 다니며 108배도 하고 무당 집에 다니기도 했었습니다. 그래서 귀신의 존재는 알고 있었지만, 막상 하나님, 성령님은 누구신지 무척이나 궁금했었습니다. 어느 날 친구의 소개로 교회에 다니기 시작하며 믿음 생활이 시작되었고, 주님께서 부어주시는 영적 체험도 많이 했었습니다. 그때는 정말 말씀이 꿀송이같이 달았습니다.

하지만 영적 방해도 만만치 않았습니다. 믿음의 기본기가 없이 교회 생활을 하다 보니 주일을 가끔 빼먹은 적도 있었고 믿음 생활이 오르락내리락, 뜨거웠다가 미지근해졌다가 요동을 쳤습니다. 그러다가 2년 전부터는 직장 생활을 하면서 몸이 피곤하고 힘들다는 핑계로 아예 교회에 다니지 않았습니다.

주일에 교회에 출석하지 않으니 남편은 좋아하면서 손뼉을 치기도 했었답니다. 남편과 함께 1박 2일 여행도 가고 맛집 찾아다니며 맛난 것도 많이 먹었습니다. 하지만 나의 영은 갈수록 공허해졌고, 몸은 점점 더 무거워지고, 코의 비염과 축농증 증상은 심해져서 병원에 쉬지 않고 들락날락, 치료를 받을 때만 조금 좋아졌다가 다시 나빠지는 증상이 반복되었습니다.

그러던 어느 날 친구의 소개로 좋은나무교회 예배에 참석하여 기도하던 중 '여기는 거룩한 땅, 거룩한 곳'이라는 반복되는 하나님의 음성을 듣고 목사님의 안수기도를 받았습니다. 순간 은혜의 눈물이 폭포수같이 쏟아져 나왔습니다. 할렐루야!

그날 밤에 집으로 돌아가서 얼굴을 닦던 중 눈 밑의 포도송이 같은 비립종이 그야말로 "순삭" 순간 삭제되듯이 없어졌음을 알았고, 콧속의 축농증 증상인 먹먹함도 사라져 숨쉬기가 아주 편해졌음을 느꼈습니다. 나의 영이 소생된 기쁨과 안 좋았던 증상들이 치료되니 정말 감사가 넘쳐났습니다. 예배가 회복되고 기도가 저절로 되니 집에서도 일상이 바뀌었습니다.
남편이 하는 말 "어, 다시 성경을 읽기 시작하네?!"
아들이 하는 말 "엄마, 엄마가 행복해 보여."
그렇게 나는 정말 행복하고 교회 생활이 즐거워졌습니다.

그런데 언젠가부터 갑자기 서서히 허리가 아프기 시작하더니 양쪽 엉덩이 쪽에 바늘로 쿡쿡 찌르는 증상이 시작되었습니다. 그 주간 예배 때 목사님께 안수기도를 받아야겠다는 생각이 계속 떠올라 기도 시간을 기다렸습니다. '하나님께서 표적으로 보여주시려고 아픈 걸 거야.' 이런 생각도 들며 마음에 확신이 들었습니다. 안수기도 후는 엉덩이 쪽을 바늘로 찌르는 증상과 허리 통증이 사라졌습니다. 이후에도 자고 일어나면 뻣뻣하고 먹먹한 정도의 약간의 통증만 남아있었는데 날이 지날수록 치료되면서 지금은 정상으로 회복되어 건강합니다.

어느 날은 사라졌던 눈 밑의 비립종이 다시 만져졌습니다. "하나님, 눈 밑의 비립종이 다시 생겼네요. 고쳐주실 거죠? 오늘 밤 자고 일어나면 없어질 거라 믿습니다. 아멘." 하고 편안히 잠자리에 들었습니다. 다음날 비립종이 정말 사라졌습니다. 할렐루야!

이제는 매일매일 하루하루가 즐겁습니다. 행복합니다. 틈틈이 생각 속에 사탄이 틈을 타고 들어올 때도 있지만 "예수 이름으로 사라져라!" 외칩니다. 오직 주님만이 나의 생명이심을 고백합니다. 성령님과 동행하는 은혜의 기쁨으로 넘쳐남을 고백합니다.

모든 영광을 하나님께 올려드립니다. 하나님께 더 가까이 가고 하나님을 더 사랑하며 살기를 소원합니다. 지금까지 인도해주신 예수님은 나의 주인이십니다.

그리고 뜨거웠어

왕예울 집사

기적이 상식이 되는 50일의 기도가 시작되었을 때 우리 부부에게는 적잖은 고민이 있었습니다. '이제 세 살 된 어린 딸을 데리고 늦은 시간 매일 나올 수 있을까? 유아실에서 온전히 말씀에 집중할 수 있을까?' 하는 걱정이 앞섰지만, 엑스트라가 되지 말라는 목사님의 말씀이 떠올라 도전하는 마음으로 처음으로 100% 참석을 결단하였습니다. 하지만 기도에 참석하면서 매일 가는 것이 조금은 버겁기도 했습니다.

그렇게 하루하루를 버텨가던 어느 날, 한 달 동안 앓고 있던 딸의 감기가 낫기를 바라며 목사님께 안수기도를 받게 되었습니다. 그날 끝나고 집으로 가던 중 차 뒷좌석에 앉아있던 딸아이가 자기 머리를 가리키며 말했습니다.

"엄마, 나 목사님이 기도하는데 여기가 간질간질했어."

나는 그냥 가려웠나보다 여기며 무심히 지나가려고 했는데 딸이 이어서 말했습니다.

"그리고 뜨거웠어."

그제야 놀라서 몇 번을 되물어도 뜨거웠다는 말을 했습니다. 성령님께서 어린 딸을 만나 주셨구나 싶었고 나의 부족한 믿음에도 딸아이에게 친히 임해 주신 하나님께 감사했습니다.

그다음 날은 목사님께서 평소 기도를 못 받은 사람 위주로 받으라 하셔서 예배가 끝나고 집으로 가려는데 딸아이가 목사님을 가리키며 말했습니다.

"기도할 거야. 기도할 거야!"

"우리는 어제 받았으니까 오늘은 집에 가고 기도는 내일 받자."

"아니야! 기도할 거야."

결국은 딸아이가 내 옷자락을 당기며 목사님께로 끌고 갔습니다. 딸아이의 강한 의지로 우리 부부는 그날도 기도를 받게 되었습니다. 그리고 한 달을 넘게 앓던 딸의 감기는 빠른 속도로 깨끗이 나았습니다.

50일의 기도와 함께 어린이 기도회를 하는 소예배실에 딸아이를 보내게 되면서 우리 부부는 감사하게도 유아실에서 본당으로 내려와 예배를 드릴 수 있게 되었습니다. 낯을 많이 가리는 딸이 아빠와 엄마와 떨어져 있을 수 있을까, 처음에는 보내고도 불안했습니다. 하지만 걱정과는 달리 언니 오빠들의 큰 사랑을 받으며 너무나도 잘 있어 주었고 점점 교회에 오는 것을 좋아하게 되었습니다. 어린이집에 가서도 친구들과 선생님께 같이 교회에 가자고 했을 정도였습니다.

날이 어두워지기만 하면 창문을 바라보며 딸아이가 말했습니다.

"엄마! 하늘이 검은색 됐는데 왜 교회 안 가요?"

그러면서 먼저 옷을 주워입기도 하고 어떤 날은 내가 너무 피곤해서 오늘 예배는 집에서 드려야겠다 싶었는데 딸아이가 계속 교회 가자고 해서 참석을 하게 된 적도 있습니다. 이 모든 것이 우리 부부가 어려운 마음을 뒤로하고 예배 참석을 결단하니, 하나님께서 자녀를 통해 계속해서 응원하시고 도와주시는 느낌이었습니다. 돌아보니 우리 가정이 예배에 오는 것을 기뻐하시고 내 힘으로가 아닌 하나님께서 우리 가정을 기도의 자리에 앉혀 주신 것 같다는 생각이 듭니다.

부끄러운 얘기지만 내가 하나님께 이런 큰 은혜를 받았음에도 주일예배 간증의 자리에 서는 것이 감사하면서도 솔직히 너무 떨리고 부담이 되었습니다. 간증할 생각만 하면 심장이 쿵하고 내려앉았습니다.

'하나님, 내가 지난 저녁 예배에 한 간증도 정말 큰 결단으로 어렵게 앞에 섰는데, 똑같은 간증을 두 번 하라니 민망하기도 하고 다른 분들께 은혜도 안 될 것 같아요.' 등등 여러 말로 하나님께 못하겠다고 많은 말을 했던 것 같습니다. 그 와중에 지난 주일 목사님께서 가시나무라는 곡의 가사를 들려주셨는데 '내 안에 내가 너무 많아서 주님이 쉴 곳 없네'라는 그 가사가 딱 내 이야기 같았습니다.

내 생각 때문에 나를 이렇게 사랑해주시는 하나님을 자꾸만 못 보는구나 싶었습니다. 하지만 이제는 이렇게 따뜻하고 사랑이신 하나님을 간증합니다. 우리 가정의 50일의 기도 완주에 함께 해주신 주님 감사합니다. 앞으로도 엑스트라가 아닌 하나님의 은혜의 주인공으로 늘 이끌어주실 예수님이 우리 가정과 나의 주인이십니다.

두려움을 돌파하다

오은경 집사

기적이 상식이 되는 50일의 기도가 시작되는 바로 전날 밤 꿈을 통해 내 안에 두려움을 보게 하셨습니다. 그리고 50일의 기도 첫날 기도를 시작하며 눈을 감았는데, 평평하고 곧은길에서 낮게 비행하고 있는 모습이 한참 보였습니다. 내 안에 기대감이 살짝 들어왔습니다.

너는 범사에 그를 인정하라 그리하면 네 길을
지도하시리라(잠 3:6)

그날 선포된 말씀대로 '범사에 하나님을 주인으로 인정하면 나의 삶을 똑바로 만들어 주시겠다. 예수님께서 길이시다. 없는 길 만드시고, 끊어진 길 다리 되어 주시고, 막힌 산에 터널을 만들어 주신다.'고 목사님을 통하여 나에게 레마의 말씀으로 주셨습니다.

다음 날 아침에 '내 두려움이 변하여 내 노래 되었고'라는 찬양이 떠올랐습니다. 이틀째 저녁에 목사님의 안수기도를 받을 때 '낮은 자존감'이라는 어둠의 영역이 내 안에 꼭꼭 자리 잡고 있다가 빛이 임하니 밝혀지고 떠나가는 은혜를 입었습니다.

하나님은 고난에 대한 생각을 바꿔 주셨습니다. 나는 도전하는 것을 싫어합니다. 그래서 아무것도 시도해 보지 않습니다. 실패를 싫어하고 그 두근거림이 숨이 막힙니다. 자꾸 부딪혀봐야 맷집이 생긴다고 하셨는데 부딪힘도 싫어해서 회피합니다. 그런데 '위로는 환난을 겪는 자에게 주시는 선물이요 사명입니다.'라는 예배 말씀을 통해 위로는 고난받는 자에게 주시는 선물이며 전리품인 것을 알게 되었습니다. 그리고 하나님은 나에게 있는 염려와 두려움을 돌파하게 하셨습니다.

첫 번째는 운전면허를 따야겠다는 생각을 통해서입니다. 누구나 하는 운전, 나도 한 번에 딸 줄 알았는데 무려 6번 만에야 합격하였습니다. 내 안에 얼마나 두려움이 컸던지 시험 보는 검정관을 보는 순간 얼어서 침도 안 삼켜지고 숨도 제대로 안 쉬어졌습니다. 무슨 일을 하다가도, 밥 먹다가도 아침에 눈을 뜰 때도 운전면허만 생각하면 심장에 바위가 쿵 떨어지는 것 같았습니다.

목사님께 안수기도를 받을 때 하나님의 뜻은 운전면허가 목적이 아니라 나에게 있는 이 두려움을 돌파하고 극복하라고 주신 것이라는 것을 알게 되니 기대하는 마음으로 기도를 받았습니다. 신기하게도 그 후에는 검정관이 나를 떨어뜨리거나 혼내려는 사람이 아니라 내가 합격하도록 도와주시는 고마운 분이라는 마음으로 전환이 되었습니다. 그리고 그렇게 무서워 보였던 사람이 조금은 이웃집 아저씨같이 보였습니다. 돌파하게 하셨습니다. 기적입니다.

두 번째는 재정과 남편에 대한 두려움도 해결해 주셨습니다. 오십 중반을 넘어 육십을 바라보며 머리는 희끗희끗해지는 남편이 아내와 아들 넷을 책임지고 있는 모습을 보면 안쓰럽기도 합니다. 그런데 그동안 재정을 도맡아 관리하던 내가 아들 넷과 남편과 함께 꾸려가는 생활비가 적금통장이 아닌 마이너스 통장이 된 재정을 공개하고 남편에게 맡긴다는 것이 나에게는 큰 부담이고 두려움이었습니다.

그러나 하나님께서 남편에게 재정을 맡기고 공개하는 것이 하나님께 올려드리는 것이고 수고하고 무거운 짐을 내려놓는 것이라는 마음을 계속 주셨습니다. 교육 목사님도 공동체에서도 권면해 주셨지만, 이것이 곧 나의 죄 덩어리 같고 나의 치부로 여겨서 이것만은, 이것만은 하며 누구보다 남편에게는 절대로 꺼내 보여줄 수 없는 것이었습니다. 사실을 알게 된 남편이 가장으로서 얼마나 힘들까 하는 생각과 함께 말입니다.

사실 하나님께서는 우리 가정에 물질의 축복을 참으로 많이 부어주셨습니다. 처음 교회가 개척하고 얼마 후 우리 가정에서 목사님 사택을 전세로 내어드린 적이 있었습니다. 그 이후 몇 년 동안 우리 가정에 집을 통해서 참으로 많은 물질의 축복을 주신 것도 하나님이십니다. 그리고 남편이 다니던 회사가 경영이 힘들어져서 문을 닫아야 하나 하는 상황까지 왔을 때, 하나님이 떠밀 듯이 남편에게 회사를 인수하도록 일하셨습니다. 남편이 갑자기 사장님이 된 것입니다. 남편이 인수한 후, 며칠 만에 20년 전 거래처가 찾아오고 새로운 거래처도 소개받게 되어 일거리가 많아져서 야근까지 하게 되는 은혜를 주셨습니다. 이렇게 놀라운 재정의 복을 하나님이 주셨습니다. 그동안 풍족하게 모든 것을 채워주신 분이 하나님이십니다.

그렇게 역사하신 하나님께서 물질의 주인임을 남편이 더욱 알기 위해서 그리고 남편을 통해 하나님이 부어주시는 온전한 재정이 되기 위한 과정임을 알려 주셨습니다. 그래서 이것을 드러내야 남편에게 하나님께서 역사하실 수 있다는 마음을 주셔서 큰 용기를 내었습니다. 나는 하나님께서 시키는 대로 했으니 하나님께서 부어주시는 구원의 은혜를 맛보게 될 것을 믿으며 남편과 대화를 가졌습니다.

재정 공개 이후 정말 생각지도 못했던 남편과의 관계 회복을 주셨습니다. 내 안에 남편에 대한 두려움 그리고 뭔가 딱 가로막

혀 있던 담을 해결해 주셨습니다. 신기하게도 남편이 그렇게 따뜻하고 포근한 사람임을 처음으로 느끼고 있습니다. 그리고 미안한 마음보다는 하나님께서 남편을 축복하실 것에 더욱 기대가 됩니다. 나의 마음에 기적을 주셨습니다.

두려움, 낙심, 포기 이러한 것들은 보이지 않는 생각이지만 실제로 우리 인생을 실패자로 만듭니다. 그곳에서도 여호와를 의지하면 빛으로 평안으로 소망으로 담대함으로 찾아오셔서 상상조차 못 한 천국을 경험하며 날마다 기대하며 살아가게 하십니다. 하나님은 나의 두려움과 낮은 자존감을 돌파해 주셨습니다. 새길을 열어주시고 관계 회복을 주셔서 구원의 통로로 사용하실 것입니다. 그 좋으신 예수님은 좋은나무교회의 주인이시며 나의 주인이십니다. 주님 사랑합니다.

네 믿음이 너를 구원하였으니

강금순 권사

기적이 상식이 되는 50일의 기도를 시작할 무렵 나는 우측 어깨 회전근개의 심한 통증으로 팔을 잘 움직일 수 없고 좌우로 돌리는데 심한 통증과 잠을 잘 때 우측으로는 누울 수도 없을 만큼 고통이 심하였습니다.

가정주부로서 할 일은 많은데 오른쪽 어깨와 손가락에 퇴행성 관절염으로 일상생활에 많은 불편과 통증, 고통이 동반된 상태였습니다. 이렇게 몸이 불편하니 신경이 예민하여 짜증이 나고 마음이 울적하면서 말도 하기 싫을 정도였습니다. 이런 나를 6기 50일의 기도 가운데 하나님께서 반드시 치료해 주실 줄 믿고 간절히 말씀을 사모하고 또 기도하며 주님 앞에 나왔습니다.

하나님께서는 50일의 기도를 드리는 중에 마가복음 5장 21~34절을 본문으로 하는 '네 믿음이 너를 구원하였으니'라는 제목의 말씀을 통해 마음에 감동을 주셨습니다. 열두 해를 혈루증으로 앓아 온 한 여자가 많은 의사에게 치료받고 많은 괴로움과 가진 것도 다 허비하였으되 아무 효험이 없고 도리어 더 중하여졌던 차에 예수의 소문을 듣고 무리 가운데 끼어 뒤로 와서 그의 옷에 손을 대니 이는 내가 그의 옷에만 손을 대어도 혈루증이 치료되고 구원받는다는 여인의 믿음.

예수님 옷자락만 만져도 병이 치료되고 영혼 구원의 역사를 허락하신 은혜와 사랑에 감동이 되었습니다. '하나님의 말씀으로 역사하셔서 나도 이 여인과 같은 믿음 주소서.' 간절히 기도 드릴 때 나의 영이 리셋되게 하시는 주님을 느끼고 깨닫게 해 주셨습니다. 그 후 목사님 안수기도를 받을 때, 성령이 강하게 역사하심을 느꼈으며 마음에 평안과 확신의 은혜를 받았습니다.

그날 밤에는 통증 없이 오랜만에 숙면하였고, 그날부터 우측으로 누울 수도 있고 몸의 통증이 경감되어 마음의 평안과 일상생활의 의욕과 활기를 되찾게 되었습니다. 주님의 손이 함께 하시는 축복의 은혜에 감사드리며 영과 육이 리셋되게 하심을 감사드립니다.

어느덧 80대의 나이. 이제 여생을 하나님의 생각과 일치된 영과 육이 되어 처음보다 나중이, 시작보다 끝이 성화 되게 하시고, 하나님을 사랑하고, 교회를 사랑하고, 목사님을 사랑하고, 성도들을 사랑하며 순종하겠다는 마음의 결단이 더욱 되었습니다.

매일 새벽기도로 우리 부부를 깨워 주시고 매일 기도드릴 수 있는 큰 은혜 주시는 주님. 저녁에도 기도할 수 있는 은혜, 매일의 삶이 예배의 삶이 될 수 있도록 도와주시는 주님 정말 감사합니다. 이 모든 것이 주님의 은혜요 사랑임을 감사드립니다.

스푼테라피

김현 집사

기적이 상식이 되는 50일의 기도 동안 나에게 주신 하나님의 은혜를 함께 나누고자 합니다. 나는 50일의 기도 시작 전 외부, 즉 신체는 고질적인 오른쪽 어깨 통증과 운동으로 인한 오른쪽 무릎과 발목에 통증이 있었으며, 내부는 엄청 생각이 많고 합리적인 것을 추구하는 사람이었습니다. 그러나 지금은 내부 및 외부가 리셋이 되었습니다. 그리고 리셋의 근원은 바로 믿음이라는 것을 깨닫게 해주셨습니다. 50일의 기도가 진행되는 동안 받은 말씀은 로마서 10장 17절입니다.

> 그러므로 믿음은 들음에서 나며 들음은 그리스도의
> 말씀으로 말미암았느니라(롬 10:17)

아멘! 목사님으로부터 말씀을 들음으로 믿음이 회복되고 한층 더 주님께 나아가는 나를 발견할 수 있었습니다.

50일의 기도 동안 나의 내부 및 외부가 리셋되었는데 먼저 외부가 치료되는 은혜를 입었습니다. 50일의 기도를 드리며 목사님께서 설교를 마치시고 몸의 연약함과 기도 제목을 놓고 다 같이 기도하게 하셨습니다. 그 순간 갑자기 고질적인 통증이 있었던 오른쪽 어깨에 통증이 오면서 방언 기도가 내 의지대로 멈추지 않고 입에서 '스스스' 소리와 함께 호흡이 빠져나가며 나쁜 기운이 사라지는 느낌이 들었습니다. 그래서 믿음대로 더 강하게 기도하였고 목사님의 기도가 끝나면서 어깨를 돌려보니 통증이 사라졌습니다. 그리고 만세가 잘 안 되던 어깨가 만세가 되는 것이었습니다.

또 며칠 후에는 목사님께서 기도 제목을 가지고 나오신 한 집사님께 안수기도를 해주시는데 성령님이 강하게 임하는 역사를 보았습니다. 그 순간 갑자기 정신이 확 돌아오면서 목사님께서 자주 말씀하시던 일명 '스푼테라피' 숟가락을 얻어 같이 은혜를 나누자는 생각이 나서 함께 기도했습니다.

"주님! 항상 옆에 계시지만 지금 치유하러 오신 것 알고 있습니다. 손을 뻗어 믿음으로 구하오니 나의 무릎도 치료해 주세요. 이미 치료해 주신 것을 믿습니다."

집으로 돌아가는 길에 무릎을 확인하니 통증이 사라져 살아계신 하나님의 손길을 느낄 수 있었습니다.

다음으로 내부, 즉 내 생각과 관점이 변화되는 은혜를 입었습니다. 나는 스스로 객관적이고 합리적인 사람으로서 어떤 일이나 현상에 무엇인가 맞아야만 된다고 생각하면서 살아왔습니다.

그것이 나의 생각, 나의 기준, 나의 잣대라는 것을 모르고 살아
왔습니다. 외부가 치료되었고 50일의 기도가 중반부를 지나가
면서 나름의 깨달음과 생각의 전환이 있었다고 생각했지만, 자
꾸 부딪치는 생각과 잡념들로 머리가 어지러웠습니다. 그러던
어느 날 예배가 끝나고 목사님께 안수기도를 받으면서 나의 문
제점을 발견할 수 있었고, 성령의 임재로 나를 내려놓을 수 있었
습니다.

기적이 상식이 되는 50일의 기도를 통하여 믿음은 세상이 그
럴지라도, 그럼에도 불구하고 마음의 중심이 하나님께 향하여
입에서 나오는 말, 행동, 그리고 태도가 달라져야 함을 마음 깊
숙이 새기게 되었습니다. 앞으로는 하나님께 나아가는 믿음을
바탕으로 가정에서는 다음 세대를 위한 길잡이가 되고, 교회에
서는 섬기는 리더가 되며, 직장에서는 예수님의 향기가 피어나
는 참 크리스천이 되겠습니다. 살아계신 예수님은 나의 주인이
십니다.

생각을 점검하다

최훈경 집사

기적이 상식이 되는 50일의 기도를 통해 예수님께서 행하셨던 기적들에 대한 말씀들을 주셨습니다. 지금까지 수없이 들어왔던 이야기였는데 이번엔 참으로 새롭게 들렸습니다. 전에는 단지 예수님의 능력과 기적에만 초점이 맞춰졌었는데 이번에는 가나 혼인 잔치에서의 하인들과 말씀에 순종하여 그물을 내린 베드로의 모습이 보였습니다.

과연 나였다면 어떻게 반응했을까 하는 생각과 함께 나도 과연 그렇게 할 수 있었을까 하는 생각이 들었습니다. 말씀을 들으며 나를 돌이켜 보니 아직도 내 생각이 하나님의 말씀보다 앞서 있고 나에게는 겨자씨만 한 믿음조차도 없다는 사실이 다시금 깨달아졌습니다. 가나 혼인 잔치의 하인처럼 주인이 하는 말에 순종하는 것이 당연한 것인데 또한 혹시라도 잘못되면 책임은 주인이 지는 것인데 무엇이 두려워서 나는 못 하는 걸까?

수없이 부활하신 예수님은 나의 주인이라고 고백했지만, 웬걸. 이제 보니 예수님의 주인이 내가 되어, 내가 기도하면 나의 소원을 들어줘야 하는 알라딘의 램프 요정처럼, 내가 하나님 앞에 믿음으로 반응하는 것이 아니라 하나님이 나의 기도에 반응하기를 원했던 것 같습니다.

50일의 기도가 후반부로 들어서면서 목사님께서는 마음의 알갱이인 말과 생각의 중요함을 반복해서 말씀하셨습니다. 나에게 정말 필요한 말씀이었습니다. 그동안 나는 내가 무슨 생각을 하고 살고 있나 싶을 정도로 멍하고 아무 생각 없이 살면서 뭔가 결정하거나 생각해야 하는 것이 생기면 무척 힘들어했습니다.

그래서 다른 사람들과 이야기할 때도 나는 듣기만 하고 나의 생각을 잘 표현하지 못했습니다. 이래도 흥, 저래도 흥, 좋고 싫은 것도 없고 간단히 선택하는 것조차도 항상 둘 다 좋다는 반응을 보였습니다. 하지만 정말 둘 다 좋은 것이 아니라 내 생각을 다른 사람이 선택하도록 맡겨 놓고 결과에 대해 항상 만족하지 못하고 내 뜻대로 안 되었을 때 원망과 불평이 쏟아졌습니다. 그것이 쌓이고 쌓여서 분노에 이르기도 했습니다.

나는 내 안에 이토록 분노가 많다는 것을 이번 50일의 기도 동안 여러 번 보게 되었습니다. 건강하게 내 생각을 말로 표현하지 못하고 마음에 꾹꾹 눌렀다가 급기야 터지는 분노로 아무것도 아닌 일에 화를 내는 나의 모습에 그동안 눈치 보며 우리 가족은 얼마나 힘들었을까?

얼마 전 일입니다. 병원에 진료를 보기 위해 갔는데, 대기하는 시간이 내가 생각하는 시간보다 훨씬 길어진 일이 있었습니다. 만약 다른 사람의 일이고 내가 조언을 해 주는 입장이었다면, 왜 이렇게 대기시간이 긴 건지, 언제쯤 진료를 받을 수 있는지 물어보라고 했을 것입니다.

그런데 정작 나는 대기시간이 왜 길어지는지 물어보지는 않고 내 생각 안에 갇혀서 병원에 대한 불신과 환자가 많은 것도 아닌데 무엇 때문에 이렇게 시간이 걸리는지 이해하지 못하겠다는 생각에 점점 분노가 치밀어 올랐습니다. 급기야 감정 조절이 안 되어 혼자서 눈물까지 흘렸습니다. 아마 다른 사람들이 나의 이야기를 들으면 이해하지 못하겠지만 나도 왜 이러는지 모르는 나의 연약한 모습 중 하나입니다.

이 상황을 지켜보던 남편은 내 어깨를 안마해 주고, 딸은 나의 머리에 두피마사지를 해주면서 연신 시원하냐고 물으며 위로를 아끼지 않았습니다. 덕분에 분노와 짜증은 금방 수그러들었습니다. 전에는 이런 일이 있으면 나의 기분을 풀어주려고 가족들이 아무리 노력해도 가족들이 쉼을 얻어야 할 주말 내내 아무 죄도 없는 가족한테 짜증을 내며 집안 분위기를 다 망치기 일쑤였습니다. 하지만 이번에는 생각을 리셋해 보려고 노력하니까 반나절 만에 기분이 전환되어 감사했습니다. 이런 분노는 어디에서부터 온 것인지 내 생각을 다시 점검하며 생각해 봐야겠습니다.

이제부터는 하나님으로부터 오지 않은 생각들을 수시로 잘 분별해서 과감하게 버릴 수 있는 결단과 지혜를 구할 것입니다. 나의 힘으로는 할 수 없지만, 내 안에 계신 성령님께 묻고 구하면서 변화될 나의 모습에 벌써 감사가 됩니다.

앞으로는 나의 영혼을 위해 생명의 말씀을 전하시는 목사님께서 강단에서 하시는 말씀을 잘 듣고 최선을 다해 실천해 보기로 결단했습니다. 그동안 잘하지 못했던 감사 노트를 쓰는 것부터 시작해서 예배를 최우선 순위에 두고 최선을 다해 보리라는 마음 먹으니 설레고 기대가 됩니다. 나의 생각을 잘 점검하고 매 순간 하나님의 생각으로 리셋하여 말과 마음과 행동이 변화할 나의 주인은 예수님이십니다!

응답하시는 하나님

강민주 청년

나는 모태 신앙으로 오래 교회를 다녔지만, 어느 순간부터 기도하는 시간이 줄어들었습니다. 어렸을 때 하나님을 인격적으로 만나기도 했지만, 점점 은혜를 잊고 하나님을 안다고 생각하고 예수님을 믿는다 생각하였습니다. 그러면서 다른 이들의 간증을 들을 때마다 나는 기도를 조금 해서 하나님이 그만큼 덜 사랑하시는 것 아닐까 하는 생각도 가져보았습니다. 그러던 중에 50일의 기도를 준비하면서 내 마음속에 다시 하나님을 만나고 싶다는 사모함을 주셨습니다.

나는 시간에 대한 강박이 있습니다. 항상 정해진 시간에 최대한 맞추어 일해야 했고 마감 시간을 넘어가게 되면 스트레스를 엄청 받았습니다. 그러나 하나님께서는 이미 그런 나를 아시고 넘치는 시간을 허락하셨습니다. 때마침 회사를 그만두게 하신 것입니다. 세상 사람들은 백수가 된 것이 뭐가 좋은 일이냐고 하겠지만 시간 강박에 시달리던 나로서는 기도 응답이었습니다.

그런 중에 하나님은 50일 동안 매일 예물을 드리고 싶은 마음까지 주셨습니다. 하나님께 기도하고 오래전 이모가 주셨던 비상금이 생각나서 하나님께 드렸습니다. 그로 며칠 후 정말 놀랍게도 12월 말까지만 근무하게 되는 단기 아르바이트를 허락하셨습니다. 퇴근도 빨라서 매일 저녁 예배에도 참석할 수 있게 되었습니다. 그렇게 나에게 길을 열어가심을 보며 다시 하나님을 만나는 경험을 하게 되었습니다.

50일의 기도가 끝나고 또 다른 기도 응답을 받게 되었습니다. 오래전부터 이직하고 싶었던 분야가 있었지만, 방법을 몰라 고민하며 기도하던 중이었습니다. 뜻밖에도 이전 직장 동료가 관련 회사에 다니는 지인과 대화 중에 내 생각이 나서 이야기하게 되었다며 연락이 왔습니다. 더 놀라운 건 회사 위치가 가까우면 퇴근하고 교회에 늦지 않게 올 수 있겠다고 엄마와 대화했었는데 그때 꼭 집었던 그곳에 위치한 회사였습니다.

나의 중심을 하나님께 돌리면 하나님께서는 일하신다는 것을 다시 내게 표적으로 알려주신 것입니다. 하나님께서는 나의 기도를 다시 회복시켜 주시며 기도할 때에 일하심을 경험하게 해주셨습니다.

내가 갖고 있던 시간 강박도 많이 고쳐지고 있습니다. 평소라면 '새벽에 일어나니까 열시 반에 무조건 자야 해' 하던 생각을 '맥체인 성경 읽고 자야 해' 하며 하나님께서 기뻐하시는 쪽으로 변화시켜 주셨습니다.

　　　내가 가는 길을 그가 아시나니 그가 나를 단련하신
　　　후에는 내가 순금같이 되어 나오리라(욥 23:10)

　　말씀처럼 오래전에도 그리고 지금도 나와 함께 하시며 내가
갈 길을 인도하시는 하나님은 내가 넘어질 때나 일어 서 있을 때
나 나를 사랑하시는 나의 주인이십니다.

부정교합을 치료받다

박우영 학생

나는 좋은나무교회 학생부 중학교 1학년 학생입니다. 기적이 상식이 되는 50일의 기도에서 도저히 일반적인 상식으로는 설명할 수 없는 엄청난 큰 기적을 경험하게 되었습니다. 나는 어릴 때부터 부정교합이었습니다. 그래서 무엇을 먹거나 씹을 때는 항상 불편했습니다. 부정교합은 치료 비용도 만만치 않고 치료 과정도 몇 년에 걸쳐 긴 시간이 걸린다는 것을 알고 있었습니다. 그래서 하나님께 먼저 기도를 드리고 있었습니다.

50일의 기도 중 담임목사님께서 치아가 불편한 사람은 나와서 기도를 받으라고 하셨습니다. 나는 기도만 얼른 받고 집에 가야지 하는 마음으로 앞으로 나갔습니다. 목사님께서는 내 손을 치아에 얹으라고 말씀하시고 기도해주셨습니다.

그런데 그때부터 놀라운 기적이 나타났습니다. 목사님께서 기도하시는 중 치아가 점점 들어가면서 제자리에 돌아오는 것을 느낄 수가 있었습니다. 너무 놀란 나머지 '어, 어, 어!!' 외치며 입을 다물지 못했습니다. 그동안 부정교합으로 아랫니와 윗니가 맞닿지 않았는데 놀랍게도 닿기 시작했습니다. 기적적으로 하나님께서는 나의 부정교합을 치료해 주신 것입니다!

어려서부터 지금까지 드렸던 기적이 상식이 되는 50일의 기도가 이번에는 나에게 가장 특별한 50일의 기도가 되었습니다. 크게 기대하지 않았고 집에 빨리 돌아가고 싶은 마음을 물리치고 기도를 받으러 나간 것뿐인데 하나님은 기적을 행하셨습니다. 정말 기적이 상식이 된 것입니다. 어른들이 하시던 말씀처럼 저도 하나님께 영광을 올려 드립니다. 이렇게 큰 표적으로 은혜를 받으며 하나님을 경험하고 알아갈 수 있게 해 주신 하나님께 감사드립니다. 아마도 먼저 기도로 올려드렸던 나의 중심을 보시고 기적을 베푸신 것 같습니다. 예수님 사랑합니다.

그가 찔림은 우리의 허물 때문이요 그가 상함은 우리의
죄악 때문이라 그가 징계를 받으므로 우리는 평화를 누리고
그가 채찍에 맞으므로 우리는 나음을 받았도다

(사 53:5)

고쳐지리라

신동여 권사

사람이 마음으로 자기의 길을 계획할지라도 그의 걸음을
인도하시는 이는 여호와시니라 (잠 16:9)

이사를 생각하지도 계획하지도 않았는데 2021년 4월에 작은
며느리가 디저트카페를 오픈하면서 어린 손자를 돌봐주기 위해
갑작스럽게 김포 마산동으로 이사를 오게 되었습니다. 가까운
교회를 찾던 중 알고 지내던 권사님의 인도로 좋은나무교회를
알게 되었습니다. 그리고 유명한 목사님께서 찬양 간증 집회를
하신다기에 나왔다가 은혜를 받고 등록을 했습니다. 그리고 다
음 주부터 기적이 상식이 되는 50일의 기도가 있다는 주보 광고
를 보고 오전 금식 일주일을 하면서 준비했습니다.

그동안 좋은나무교회 레드우드 간증집 1권과 2권을 읽으며 감
동을 받았기에 더욱 사모함으로 예배를 기다렸습니다. 날마다
은혜였습니다. 특히 교회학교 학생들이 목사님의 말씀 설교를
듣고 노트에 필기한 것을 영상으로 보면서 너무 큰 감동과 은혜
를 받았고, 그 어린아이들의 신앙을 부러워하기도 했습니다. 내
가 놓쳤던 말씀들을 요점정리도 잘하고 믿음에 반응하는 것이

요즘 시대에 보기 드문 광경이라 정말 기특하고 대견했습니다. 삶의 중심이 하나님을 향하면 하나님께서 모든 삶 속에 축복과 구원을 주심을 더욱 믿게 되었습니다.

나는 밥을 먹다가도 사래가 잘 들려 기침하고, 전도를 하려고 말을 하려면 기침이 나고, 찬송을 부를 때, 통성기도를 드릴 때 목이 말라 기침을 하곤 했습니다. 그래서 뜨겁게 기도하고 싶어도 참으며 묵상기도를 많이 했습니다. 또 손주들을 전도하려고 말씀을 전하다 보면 기침을 했습니다. 코로나로 인해 모두 예민한 시기에 교회에서도 기침이 나면 앞뒤 사람들이 쳐다보게 되면서 몸이 움츠러들었습니다.

이비인후과에서 진료를 받아보니 목을 촉촉하게 하는 약은 따로 없다고 했습니다. 치료가 절실해 간절한 마음으로 50일의 기도 동안 목사님의 말씀을 붙잡고 기도할 때 '고쳐지리라'라는 믿음이 들어왔습니다. 또 큐티와 맥체인 성경을 읽으며 믿음의 훈련을 시키시는 목사님을 만나게 하신 하나님께 감사가 되었습니다.

사랑하는 자여 네 영혼이 잘됨같이 네가 범사에 잘되고
강건하기를 내가 간구하노라 (요삼 1:2)

10일 차 예배에서 '아는 자가 되지 말고 믿는 자가 되라! 기도는 영적 세계에 레일을 놓는 것! 사람들이 우연이라 하는 것들이 기도의 응답입니다!'라는 말씀에 절로 아멘이 되었습니다. 말씀을 마친 후에 담임목사님께서 알레르기 질병 가진 성도들 일어나라고 하시고 안수기도를 해주셨습니다. 나는 이때다 싶어 앞으로 나가서 목마름의 증세를 말씀드리고 안수기도를 받았습니다.

그날 목사님의 안수기도를 받고 영이 기쁘고 맑아졌는지 잠이 오질 않았습니다. 성령님의 인도로 찬송을 부르기 시작했고 통성기도를 방언으로 맘껏 했습니다. 기도를 마치고 시계를 보니 새벽 3시, 생각해보니 기침이 나질 않았습니다. 나보다 나를 더 잘 아시는 하나님께서 하나님의 때에 만져주셨습니다. 손주들에게 이 기쁘고 복된 소식을 전할 생각을 하니 너무나 기뻤습니다.

사랑하는 손주들이 13일째 되는 예배 자리에 나오게 되었고 목사님께 안수기도도 받았습니다. 지금은 유치부에 아주 열심히 다니고 있습니다. 교회 가는 날을 얼마나 사모하고 기다리는지 하나님께서 사랑하는 자입니다. 지옥 가기 싫다고 꼭 천국 간다고 하는 손주들을 통해서 아직 믿지 않는 자녀들과 온 가족이 하나님께 나와 예배가 회복될 줄 믿습니다.

우리 가족은 아들 둘, 딸 하나, 손주 다섯 명 모두 나까지 열두 명입니다. 모두 하나님의 자녀로 살기를 소망합니다. 오직 믿음,

믿음으로 이기는 우리 가정되길 날마다 기도합니다. 예수 능력, 예수 보혈, 예수 구원을 전하는 가정으로 축복해 주시길 소망합니다.

좋은나무교회 우리 교회로 인도해 주신 하나님 감사합니다. 주신 은혜 감사하며 순종하며 살겠습니다. 좋은 나무, 좋은 열매 되게 하시는 하나님은 나의 아버지이십니다. 사랑합니다. 감사합니다. 예수님은 나의 주인이십니다. 아멘

　수많은 믿는 자들이 천국을 소망하며 신앙생활을 합니다. 하지만 예수님께서는 이 땅에서 먼저 천국의 삶을 살아내라고 말씀하셨습니다. 오늘 우리는 천국의 삶을 살아가고 있습니까? 세상의 험한 풍파 속에서도 우리 인생의 주인이신 하나님과 동행하며 살아가는 삶, 바로 증인의 삶입니다. 마지막 장에서는 증인의 삶을 살아내고 있는 간증들을 모았습니다. 이 간증들을 통해 독자들의 삶에도 이 땅에서 먼저 천국을 살아내는 은혜가 함께하기를 기도합니다.

오직 성령이 너희에게 임하시면 너희가 권능을 받고
예루살렘과 온 유대와 사마리아와 땅끝까지 이르러
내 증인이 되리라(행 1:8)

염려하면 염려할 일이 생기고
감사하면 감사할 일이 생깁니다

이성현 목사

우리는 모두 염려하며 살아갑니다. 그런데 하나님은 아무것도 그 무엇이든 간에 염려하지 말라고 말씀하십니다. 우리가 염려하는 것에는 크게 2가지 이유가 있습니다.

첫 번째, 사랑해서 염려합니다. 부모가 자녀를 걱정하는 이유는 사랑하기 때문입니다. 만약 자녀가 미우면 자녀에 관한 염려를 하지 않을 것입니다. 우리가 지금 염려하는 많은 것들을 뒤집어보면 자각하지 못하는 사이 그것에 집착되어 있을 수 있습니다. 물론 부모가 자녀를 사랑하는 것이 나쁘다는 것은 아닙니다. 그러나 자녀를 하나님보다 더 사랑하거나 더 붙들려 있다면 그것은 바로 우상입니다.

두 번째, 염려하는 또 한 가지 이유는 내가 주인이기 때문입니다. 내 인생에 내가 주인이라서 물질도, 건강도, 자녀도, 미래도 나의 것이기에 내가 책임져야 한다는 이유로 우리는 염려하고 두려워하는 것입니다. 그런데 하나님께서는 염려하지 말라고 말씀하십니다. 염려는 네가 해결할 수 있는 게 아니라고 말씀하십니다.

　누구를 생각하면 마음속에서 원한이 생기거나 나의 지난 과거가 아파 눈물이 날 때, 이렇게 고백할 수 있기를 축원합니다.
　'하나님은 살아 계시지! 나보다 나를 더 잘 아시지! 나보다 나를 더 사랑하시지! 그분이 죽고 부활하셔서 나의 주인이시지!'
　이것이 명확해지고 감사함으로 하나님 앞에 기도할 수 있을 때 하나님의 평강이 그 어둠의 골짜기에 있는 우리 인생에 환한 빛으로 비춰 주실 것입니다.

　세상이 줄 수 없고 세상이 알 수도 없는 그 평강이 내 안에 임할 때 그곳이 바로 천국인 줄로 믿습니다. 죽어서 가는 천국 맞습니다. 그러나 오늘 예수님을 믿는다면 그 죽어서 가는 천국 말고 오늘 이 땅에서 살아가는 동안 예수님이 내 안에 살아 계셔서 염려가 떠나가는 천국을 경험하시기 바랍니다.
　더불어 내 안의 과거에 묶였던 모든 상처가 치유됩니다. 미래에 대한 희망과 하나님이 주시는 모든 소망이 내 안에 자리하기 시작할 때 천국의 삶을 이 땅에 살아낼 수 있는 믿음의 사람들, 감사의 사람들을 하나님께서 이 땅에서 경험하게 하실 줄로 믿습니다.

　감사할 수 없을 때 감사하면 기적이 일어납니다. 하나님의 초점은 그것입니다. 지금 내게 처한 상황이 감사는커녕 감사의 기억도 할 수 없는 상황이라도 우리는 감사를 찾아야 합니다. 하나님이 나의 주인이시고, 하나님이 모든 걸 아시기에, 염려하지 말고 감사하라고 하셨기에, 생각을 바꾸고 기도를 바꿀 때 하나님이 그때 기적을 이루어 주십니다. 기적은 멀리 있는 게 아닙니다. 내 생각에, 내 입술에, 내 삶에 감사가 되어지기 시작할 때 이미 하나님의 능력은 우리 가운데 임하게 되는 줄로 믿습니다.

감사는 내가 발견하는 것입니다. 감사는 내가 선택하는 것입니다. 감사는 내가 하나님의 말씀 편에 서기로 결단하는 것입니다. 감사는 연습이 필요합니다. 감사는 훈련해야 합니다. 이제 구경꾼에서, 방청석에서 내려오셔서 내가 주인공이 될 수 있기를 바랍니다. 어차피 시간은 흘러갑니다. 집에서 TV를 보던, 어디 가서 놀던 시간은 흘러갑니다. 그런데 먼저 그의 나라와 그의 의를 구하며 그 삶 속에서 감사해 보세요. 살아계신 하나님을 믿고 믿음으로 반응한다면 하나님이 반드시 살아계심을, 하나님께서 우리 가운데 운행하심을 반드시 우리가 경험하게 될 줄로 믿습니다.

< 2021년 11월 21일 설교 中 >

세상 욕심 다 버리고,
주님 한 분만으로

오양길 집사

나는 한마디로 슈퍼맘이었습니다. 일도 잘해서 보육교사 일을 할 때도 원장님이 나에게 거의 모든 일을 맡기고자 하였습니다. 나는 또 나대로 능력을 쓰임 받고 싶은 마음도 많아 시키는 일을 넘어서, 할 수 있는 일은 내 힘이 넘어가는 줄도 모르고 열심히 했습니다. 그 외에 더하고 싶은 것들도 많았고, 세 명의 아이들에게도 부족함 없이 풍족하다 못해 넘치도록 내가 해줄 수 있는 것은 다 해주려고 애쓰며 살았습니다.

그중에 특히 나는 물질의 욕심도 많았는데 그땐 정말 욕심이라고는 전혀 생각하지 못했습니다. 그저 당연히 이 세상 살아가는데 미래를 위해 열심히 살아야지 하며 하루하루를 살았습니다. 사실 좋은 생각이라고 여기며 아파트도 세 채까지 마련하며 대출이자를 감당하느라 아등바등 살고 있었습니다. 그렇게 힘들게 살아가는 나를 하나님은 그냥 두고 보실 수만은 없었나 봅니다.

교회를 다니긴 했지만 내가 주인 되어 목사님 말씀도 별로 귀

담아듣지 않았습니다. 내 생각과 인본주의에 맞추어 이건 이래야지, 저건 저래야지 하며 내 뜻대로 주장하기에 급급했습니다. 그러다가 하나님의 사랑으로 그야말로 전적인 은혜로 내가 가지려 했던 많은 것들을 잃어버리게 되었습니다. 아파트 세 채는 다 날아가고 빚더미에 앉게 되었고 엎친 데 덮친 격으로 나에게 갑상선암이 찾아왔습니다. 결국, 파산 신청을 하게 되었고 5년의 기간 동안 신용 불량자에 암 환자로 살게 되었습니다.

그런데 참으로 신기하게도 좋은나무교회를 다니면서부터는 그 시련과 고난의 세월 5년이라는 기간 동안 하나님은 나를 만나 주셨습니다. 나의 주인이심을 나타내 주셨습니다. 나의 모든 건강도 물질도 가정도 자녀들도 모두 내 것이 아닌 아니 나 자신조차도 주님의 것임을 알게 해 주셨습니다. 때로는 목사님의 말씀으로 그리고 교회 소그룹 모임의 양육과 교육을 통해서 그 세월이 나에게 고난이 아닌 축복의 시간이었음을 고백합니다.

지금은 먹을 것 입을 것 쓸 것 아이들 교육까지 하나님이 다 책임지는 삶을 살고 있습니다. 암 환자라고는 믿기지 않을 정도로 나는 교회 주방 봉사를 하면서 새벽부터 밤까지 주님과 함께 주님이 맡기신 일을 감당하고 있습니다. 얼마나 힘 있고 건강하게 살고 있는지 정말 기적의 삶을 살고 있습니다. 그리고 몇 년 전 외삼촌의 갑작스러운 죽음 앞에서 내가 무엇을 위해 이 땅에서 살아야 하는지 깨닫게 하셔서 오직 천국 소망으로 살도록 나를 인도하셨습니다.

하나님은 나의 주인이시며, 내 삶을 다 주관하시며, 나의 영혼의 구원뿐 아니라 섬기고 베푸는 삶 가운데 영혼 구원의 통로로 나를 사용하고 계심에 감사합니다. 많은 것을 채워도 부족하던 나에게 오직 주님 한 분만으로 만족하게 하시는 주님의 사랑에 감사하고 감격합니다.

딸과 나는 데칼코마니

권종남 집사

나는 어릴 때부터 신앙생활을 했습니다. 하지만 결혼 후 가족과 함께 다니던 교회에서 연약한 믿음으로 인하여 잠시 교회를 떠나게 되었습니다. 그리고 세상 사람들과 같은 삶을 살면서 남편도 아이들도 신앙과는 무관한 삶을 살았습니다. 그런 세월을 지나 김포로 이사를 오게 되었고 언젠가부터 집 바로 앞에 교회가 지어지는 것을 보며 이제는 신앙을 회복해야겠다는 생각을 가지고 좋은나무교회에 나오게 되었습니다.

교회에서 은혜를 받으며 하나님께서 이런 깨달음을 주셨습니다. '아, 내가 하나님을 떠나 세상 속에 살게 되면서 세상의 종이 되었지만, 이제 좋은나무교회를 만나 주님께 돌이키게 되니 하나님의 사람이 되어 가는구나.' 하는 것입니다. 어려서부터 신앙생활을 했어도 주님을 인격적이고 구체적으로 만난 적이 없는 나는 주님을 사모하는 마음으로 기도했습니다. 주님 만나기를 원하며 부르짖어 기도드렸습니다.

기도 중에 환상을 통해 목사님께서 내 옆에 있는 벌레를 잡아 주시는 모습을 보여주셨습니다. 그때부터 왜 이리도 눈물이 나는지 날이면 날마다 매일매일 눈물이 나고 내 안에 있는 모든 설움과 원망, 미움 등이 다 눈물로 쏟아져 나오는 듯했습니다. 하나님을 떠나 세상 속에서 방황했던 날들에 대한 회개의 눈물, 이렇게 주님 사랑을 회복시켜 주시는 모든 은혜에 감사하는 눈물과 그리고 왠지 이유를 다 알 수도 없는 눈물이 한없이 흘렀습니다.

날이 갈수록 얼굴빛은 환해지고 밝아지고 평안해지는 은혜가 임했습니다. '예수 나를 오라 하네, 저 높은 곳을 향하여' 찬송을 주시며 그 찬송이 나의 고백이 되어 하나님께 올려드리며 아직도 눈물의 은혜를 덧입고 있습니다. 내 안에 판단, 정죄, 시기, 질투 등 내가 주인이라 생각하게 하는 모든 어둠의 영역들을 빛 가운데 조명해 주셨고 예수님 이름으로 떠나가게 해주셨습니다. 주님은 나를 위로하시며 하나님께서 항상 나와 함께 계셨으며 나를 많이 사랑하신다는 것을 알게 해 주셨습니다.

한날 기도 중에 환상을 보여주셨습니다. 그림 그리는 붓이 나타나 사람의 얼굴을 그리더니 또다시 그림을 그리는데 이번엔 반대쪽으로 목부터 시작해서 똑같은 얼굴을 그리는 것입니다. '이상하다, 왜 똑같은 그림을 반대로 그릴까?' 궁금해서 목사님께 여쭤봤습니다. 그것은 딸과의 관계에서의 어려움을 주님께서 아시고 관계를 회복시키기 위해 보여주신 것임을 알게 되었습니다.

나는 큰딸과의 관계에서 어려움이 있었습니다. 딸이 결혼하고 나서 아기를 봐 달라고 부탁했었습니다. 하지만 작은딸이 하는 꽃집에서 일을 도와주다 보니 상황이 여의치 않았습니다. 하지만 그것이 큰딸을 많이 서운하게 했던 것 같습니다. 그리고 큰딸과 갈등이 생길 때마다 서로 상처를 주고 마음이 상하는 일들이 반복되었습니다. 나도 딸을 생각하면 엄마를 이해하지 못하는 딸에게 서운하고 원망과 분노가 일어나곤 했습니다.

하나님께서 보여주신 그림은 바로 데칼코마니. 똑같은 그림을 반으로 접어 찍었을 때 똑같이 나오는 것처럼 사람과의 관계는 서로를 향해 거울과 같이 똑같은 것을 알려주신 것입니다. 내가 딸아이를 향해 품은 마음의 섭섭함, 미움, 원망과 분노를 딸아이도 똑같이 나를 향해 품고 있었다는 것을 나보다 나를 더 잘 아시는 하나님께서 말씀해 주신 것입니다.

나는 딸과의 관계를 풀어야겠다고 마음을 먹었습니다. 큰딸에게 엄마의 입장과 미안한 마음과 용서의 마음을 담아 나름대로 열심히 편지를 써서 주었지만, 딸의 마음은 쉽게 풀어지지 않았습니다. 나는 너무 낙심되고 고민되어 셀 모임에서 이 이야기를 나누었습니다. "이제 집사님의 할 일을 집사님이 했으니 하나님께서 하나님의 일을 하실 것입니다. 이제는 주님만 의지하고 기도로 올려드리면 딸의 마음은 하나님이 만져주실 것입니다. 하나님의 때에 관계를 회복시켜 주실 것입니다. 더욱 주님만 바라보세요."라는 리더님의 권면을 받았습니다.

나는 정말 그대로 딸의 마음을 만져주시고 나의 진심이 전달되게 해달라고 기도하며 주님께 올려드렸습니다. 그러기를 45일이 넘어서 정말 놀라운 기적이 일어났습니다. 그동안 연락을 끊고 아빠하고만 연락했던 딸이 엄마 아빠와 함께하는 자리를 마련했고 편안하고 따뜻하게 나를 대해 주었습니다. 그리고 아빠에게 고급 중형 새 차를 선물해 드리겠다는 것입니다. 어떻게 이렇게 변화되었는지 나는 편지 사건 이후로 기도 외에는 아무것도 할 수 없어 더 기도했을 뿐입니다. 그렇게 오직 주님만 바라보았는데 정말로 하나님이 모든 걸 아시고 모든 걸 다 만지시고 해결하시는 분임을 선명하게 보는 시간이었습니다.

나의 신앙이 회복되니 자연스레 남편의 신앙도 회복시켜 주셨습니다. 나는 살면서 남편에 대해 존중하기보다는 남편이 내 생각대로 따라주기만을 바라며 살았습니다. 그런데 가정의 달인 5월 부부 주일 설교 말씀에 남편을 주님 섬기듯이 섬기면 가정이 회복된다고 하셨습니다. 그 말씀에 깨달음이 왔고 성령님은 나를 변화시켜 주셨습니다.

남편은 요즘 나와 함께 예배를 드리며 은혜를 회복하고 있습니다. 그리고 교회와 목사님을 섬기며 얼굴이 어린아이와 같이 기쁨으로 가득 차 있습니다. 이것이 얼마나 귀하고 소중한 은혜인지를 새록새록 느끼며 주님께서 우리 부부를 신실한 부부 일꾼으로 세워주실 것을 기대하며 기도하고 있습니다.

이제는 세상이 아니라 주님 안에서 주님만 따라가고 순종하며 예수님과 함께 살기를 원합니다. 주님 감사하고 사랑합니다. 여기까지 인도해 주신 예수님은 나의 주인이십니다!

하나님의 때

김하은 청년

기적이 상식이 되는 50일의 기도를 통해 많은 은혜를 받고, 하나님이 나를 사랑하시고 지켜보고 계신다는 것을 깨닫게 되었습니다.

첫 번째 은혜는 지금까지 내가 몰랐던 나의 모습을 깨닫게 하셨고, 피하고 싶었던 나의 모습 그대로를 받아들일 수 있는 지혜를 주셨습니다. 50일 동안의 기도를 드리는 중에 최근에 예배만 나오려고 하면 갑자기 편두통처럼 머리가 너무 아팠습니다. 날이 갈수록 더 심해졌지만 기온 변화나 잠깐의 두통이겠거니 생각하며 별로 신경 쓰지 않았는데 며칠 전에는 견디지 못할 정도로 너무 아팠습니다. 목사님께서 예배 후 기도가 필요한 분들은 앞으로 나와서 기도를 받으라고 하셔서 바로 나갔습니다. 그때 하나님이 무언가를 보여주셨는데 내 생각의 중심이 사람한테 가 있었다는 몇 가지 증거가 되는 장면들을 필름처럼 지나가듯 보여주셨습니다.

나는 작년에 코로나로 인해 미국 대학 진학을 못 하게 되었습니다. 한국에 들어와 1년을 보내게 되면서 많은 아르바이트를 하였고 좋은 기회로 직장 생활도 시작하게 되었습니다. 어린 나이에 사회생활을 일찍 시작한다는 장점도 있었지만, 한편으론 감당하기 버거운 상황들도 많았습니다. 상처도 많이 받고 사람들한테서 벗어나고 싶었던 순간들이 많았습니다. 그러면서 내가 사람들의 눈치를 보기 시작했던 것 같습니다. 앞서 하나님께서 보여주신 장면 중에 현재 다니고 있는 회사의 대표님을 신경 쓰는 내가 보였습니다. 비록 나이는 어려도 남들보다 잘한다는 것을 인정받고 싶었습니다. 그래서 더 열심히 해왔고 실수를 하지 않으려 에너지를 엄청 쏟아부었습니다. 그게 지속되다 보니 최근에 나의 체력에 한계를 느끼게 되었고 이것이 편두통 증상으로 나타난 것 같습니다.

이렇게 하나님께서 몇 가지 순간과 장면들을 생각나게 해주시며 '너의 짐과 스트레스를 나에게 다 맡겨라. 내가 도와줄게.'라는 하나님의 마음을 나에게 감동으로 들려주셨습니다. 그 후로 두통과 스트레스가 사라지고 마음 또한 편안해졌습니다.

평상시 나는 나의 중심이 하나님께 가 있다고 생각했기 때문에 중심이 벗어나 있어도 인지를 하지 못했습니다. 신앙생활을 잘하고 있다고 자기 합리화를 하고 있었습니다. 하지만 이번 기회로 나의 이런 모습도 인정할 수 있는 능력을 주셨습니다.

두 번째 은혜는 나에게 절제의 능력을 주셨습니다. 나는 음식을 좋아할 뿐만 아니라 음식이 내 앞에 놓여 있으면 이성을 잃을 정도로 많이 먹었습니다. 배가 불러도 계속 먹었고 몸에서 받아들이지 못하는 신호가 와도 끝까지 먹어야 직성이 풀렸습니다. 그래서 음식을 먹고 나면 소화도 잘 안될뿐더러 배가 더부룩해서 소화제나 탄산수를 먹어야 했습니다. 원래도 장이 좋지 않지만 이런 식습관 때문에 장이 더 안 좋아졌습니다.

그런데 예배를 드리며 내가 음식을 절제하지 못하는 음식에 대한 욕심 또한 나의 우상이 될 수도 있다는 생각이 들었습니다. 그래서 이 문제로 목사님께 기도를 받았습니다. 그리고 나는 '내 힘으로 하는 건 힘드니까 아버지께서 도와주세요. 나에게 절제의 능력을 허락해 주세요.'라며 계속 기도했습니다. 예배드리며 말씀 듣고 기도 가운데 지금은 나의 몸을 하나님의 성전으로 여기며 잘 관리하고 있습니다. 폭식하는 습관도 사라지고 음식뿐만 아니라 다른 영역에서도 절제할 수 있도록 변화시켜 주셨습니다.

세 번째 은혜는 다음 달에 계획했던 대로 미국으로 공부를 하러 가게 되었습니다. 가기 전에 이번 50일의 기도를 통해서 하나님께서 나의 몸과 마음을 '리셋'시켜 주시는 시간이라는 것을 알게 되었습니다. 이 예배가 나에게 꼭 필요하기에 하나님께서 이곳에 불러 주셨고 하루도 빠지지 않을 수 있게 환경을 만들어 주셔서 감사드립니다. 앞으로 먼 나라에서 생활하게 되면 많은 공격과 어려움이 있을 수 있습니다. 하지만 이번 예배를 통해 생각과 말, 태도, 습관이 리셋되어 어떤 현상에도 두려워하지 않을 것이라는 믿음을 주셨습니다. 그리고 앞으로 주실 더 많은 은혜도 기대가 됩니다.

그리고 목사님께서 부모가 자식에게 너무 집착하면 하나님께서 하실 일을 막을 수 있다는 말씀을 강단에서 하셨습니다. 나의 엄마에게도 그런 경향이 있습니다. 나를 너무 사랑하셔서 그러신다는 건 알지만 나는 그로 인해 부담스러움과 힘듦이 있었습니다. 나에 대한 걱정 때문에 엄마와 부딪힐 때가 많았습니다. 엄마는 아직 여전하시지만, 하나님께서 또한 엄마를 만져주실 거라고 믿습니다. 그래서 목사님께 기도도 받고 결단도 하고 하나님께 맡겨드렸습니다. 나의 진짜 아버지, 하나님 아버지께서 나의 부모님도 책임져 주시고 나도 책임져 주시고 가장 잘 되는 방향으로 인도하실 것을 믿습니다.

마지막으로 50일 끝자락에 하나님께서 나에게 가장 귀한 선물을 주셨습니다. 예전부터 사모하고 있던 것, 바로 '방언'인데, 방언을 너무 받고 싶어서 이번 50일 동안 기도도 받고 기도하다가 드디어 방언을 받게 되었습니다. 할렐루야! 그래서 너무 기쁩니다. 역시 하나님은 다 때가 있으신 것 같습니다. 이제 미국으로 공부를 하러 갈 때도, 또 어떤 일에 부딪히거나 어려운 일, 좋은

일 등 여러 가지 문제 앞에서도 하나님의 말씀이 있고 또 방언으로 하나님과 대화하며 기도할 수 있으니 든든하고 기대가 됩니다.

나의 모든 삶을 인도해 주시고 동행해 주실 하나님 아버지 감사하고 사랑합니다. 나를 항상 사랑해주시는 예수님은 나의 주인이십니다.

율법주의자

박주현 집사

이번 기적이 상식이 되는 50일의 기도는 사실 참석하는 것에 약간의 갈등이 생겼습니다. 이 기간에 얼마 남지 않은 진급시험을 준비해야 하는 상황이었기 때문입니다. 하지만 이전 50일의 기도 기간에도 시험 준비로 참석하지 못한 것이 못내 아쉬워 이번에는 시험을 내려놓고 예배에 참석하기로 마음먹었습니다. 이번에는 예배에 최선을 다하고 싶었고 하나님 앞에 해결 받고 싶은 기도 제목도 있었기 때문입니다.

50일의 기도를 앞두고 나를 힘들게 한 것은 교회 올 때의 나의 마음 상태였습니다. 하나님께서는 지금의 내 모습이 신앙생활이 아닌 종교생활에 가까움과 또 교회에 나가는 것에 기쁨이 사라진 나 자신을 보게 하셨습니다. 그리고 나를 더 힘들게 한 것은 그동안 열심히 신앙생활을 했던 것에 대한 회의감과 무기력함으로 기쁨이 사라졌다는 마음이었습니다. 예수님을 믿으면 잠깐 근심할 수 있으나 오히려 크게 기뻐하라고 하셨고 항상 기뻐하라는 말씀이 있는데 나는 왜 이럴까?

나는 좋은나무교회가 김포로 오기 전 파주에서부터 교회를 섬겼습니다. 학생부 교사와 찬양팀을 섬기며 매주 토요일과 주일을 하나님께 드리며 때론 물질로, 때론 땀으로 최선을 다해 지금까지 교회를 섬겨 왔습니다. 성도로서 교회와 목사님을 위해 감당해야 하는 일이 있다면 우선순위를 가장 먼저 두었고 교회를 섬기는 가정이 되기 위해 부단히 노력했습니다.

그런데 지금까지 내가 겪어보지 못한 시험이 찾아오자 쉽게 드러내지도 못하면서 신앙에 큰 위기가 찾아왔습니다. 신앙생활 자체가 나에게 너무나 큰 영적 혼돈 상황이었습니다. 말씀과 찬양이 막히고 기도를 해도 계속 답답했습니다. 하나님께 몸부림치며 눈물로 기도하는 날들이 점점 많아지기 시작했습니다. 설상가상 직장문제로 인하여 교회에서 거리가 있는 곳으로 이사까지 하게 되었습니다. 이런 상황 속에 50일의 기도가 시작되었습니다. 나는 주님께 매달리기 시작하였고 주님은 몇 가지 방법으로 응답하셨습니다.

그중에서도 가장 내게 충격적이었던 것은 내가 '율법주의자'라는 깨달음이었습니다. 내가 드렸던 예배, 헌신, 기도, 찬양, 이 모든 것이 나의 영광을 위해서 하고 있다는 것을 알게 하셨습니다. 내가 결국 주님을 찾는 것도 나의 힘듦과 나의 이 어려운 상황을 회피하기 위해 주님을 이용하고 있다는 깨달음이었습니다. 내 생각을 말씀에 맞춰 합리화시키며 나의 행위를 자랑하며 나보다 못한 사람들을 마음으로 판단하고 정죄하는 나의 모습을 보여주셨습니다. 나는 부인할 수 없었습니다. 주님의 절대적인 사랑을 잊고 있었던 것입니다. 며칠 동안 머릿속이 하얗게 되었습니다. 아무리 생각을 해도 맞는 말씀이었습니다.

천국을 행함이나 행위를 통해서만 가려고 했던 것, 주님을 위한 행함이 아니라 나를 위한 행함, 서기관과 바리새인들과 똑같은 독사의 자식과 같은 모습이 다름 아닌 나였습니다. 그래서 항상 주님 한 분만으로는 만족할 수 없었고 어떠한 상황에도 기뻐하라는 하나님의 뜻이 이루어질 수 없었던 것입니다.

모든 말씀에 주님이 개입하기 시작하였고 내가 왜 힘들었는지 계속 말씀으로 응답해 주셨습니다. 목사님과 가족들 그리고 지체들 모두에게 정말 미안한 마음이 들었습니다. 특히나 하나님을 내가 알고 있다며 교만했던 나의 악한 모습을 보니 정말 죄송한 마음이 들었습니다.

항상 기뻐하라, 쉬지 말고 기도하라, 범사에 감사하라, 이것이 우리를 향한 하나님의 뜻임을 알게 해 주신 하나님께 감사드립니다. 그럼에도 나를 사랑하시고 진정한 신앙인으로 거듭나도록 기회를 주시는 예수님은 나의 주인이십니다.

이제 역전되리라

윤효성 집사

기적이 상식이 되는 50일의 기도 중 '네 믿음이 너를 구원하였으니'(막 5:21-34)라는 말씀을 듣는데 '반전, 이제 역전되리라'라는 감동이 되면서 아멘이 되었습니다. 혈루증 여인처럼 '예수님 옷자락에만 손을 대어도 제 병이 낫겠나이다'라는 믿음의 생각과 행동을 통해 혈루의 근원이 마르는 은혜를 받는 말씀이었습니다. 병이 나았다는 사실도 중요하지만, 아버지 앞에 나와 구하고 믿음으로 반응하길 안타깝게 바라보고 계신다는 아버지의 사랑을 알게 하시니 감사했습니다.

말씀을 들으며 노트에 '네 믿음이 너를 구원하였다 인정받는 제가 되게 하옵소서. 저에게도 그 믿음 주옵소서.' 마음의 생각을 기록했고 이뤄주실 거란 믿음과 감사한 마음으로 기도했습니다.

첫 번째 안수기도가 있는 날 일을 하면서도 교회를 가면서도 '목사님 건강이 회복되지 않으셨는데, 나라도 기도 받으러 나가지 말아야겠지? 나는 안 나가야지. 하지만 목사님을 도우시는 성령님이 계시는데 기회 왔을 때 기도 받아야 하는 거 아닌가?' 그럴싸한 이유로 잘 포장된 생각으로 오락가락했습니다.

그렇게 참석한 예배, 강단에서 선포되는 말씀을 들으니 기도를 받으러 앞으로 나가고 싶었습니다. 손가락으로 나를 꼭 집어 나오라고 하시는 듯했습니다. 그럼에도 나갈까? 말까? 하는 생각으로 단순해지지 못해 고민하게 되었습니다. 마음은 이미 맨 앞줄에 나가 앉았지만, 실제 나의 몸은 맨 끝줄 맨 가장자리 코너에 앉아있었습니다. 나서지 못하는 내 모습이 얼마나 답답했는지 생각 속에서 스스로 주먹을 쥐고 머리를 쥐어박고 맙니다.

다시 생각을 털어내고 생각으로 기도를 했습니다. 그런데 생각 속 기도가 순종하지 못했음을 회개하는 기도를 통해 역전의 기도 응답을 주셨습니다. '말씀만 하사 제가 낫겠나이다'라는 믿음의 기도로 반전이 되고, '믿고 가니' 가는 도중 꼭 나을 거라는 확신이 생겼습니다. 며칠이 지나도록 성전 계단을 내려갈 때도 집 주차장을 내려갈 때도 '믿고 가니, 믿고 가니, 믿고 가니' 나도 모르게 구호처럼 반복된 선포를 하고 있는 입술과 행동에 잠시 갸우뚱하긴 했습니다. 하지만 선포는 계속되었고 수술한 발목이 점점 부드러워짐을 경험했던 일이 있었습니다.

안수기도를 받는 그날에도 예배가 끝나고 일산대교를 넘어 집에 돌아가는 길. '어, 목이 돌아가네' 나도 모르게 놀라 혼잣말을 했습니다.

그날 아침 소파에 앉아있다가 전화를 받으러 급히 일어나는 순간 '앗' 순식간에 목이 뻣뻣해지면서 통증이 왔었습니다. 남편은 한의원을 권했지만, 내 마음에 '주님, 전에 없던 이 일은 왜일까요?'라며 기도가 되었습니다. 오늘 내게 표적을 주시려는 싸인인가? 생각하면서도 목사님이 앞으로 나와 기도 받으라고 할 때 선뜻 나서지 못했으니 주님은 얼마나 나를 답답해하실까? 오늘 했던 생각이 이처럼 나를 묶을 수도 자유롭게 할 수도 있는 큰 힘이 있음을 느낍니다. 생각은 참 무서운 것이라는 걸 다시 한번 생각하게 됩니다. 생각을 생각해보라는 목사님의 말씀이 간증을 쓰면서 '이런 거구나'라고 알게 해주셔서 감사합니다.

다시 안수기도 받을 때는 기도의 문을 열어달라는 입술 선포를 하게 되었습니다. 목사님께서는 내가 하는 생각이 이미 기도라고 선포해주셨습니다. 지금껏 몇 번이고 들었던 말씀인데, 그날은 훅하고 내 마음에 담기는 음성으로 또 다르게 들렸습니다. 기도는 어려운 게 아니고 분별 되기만 하면 지금 내가 생각을 통해서 하는 모든 것들, 생각으로 하는 하나님과의 대화, 모든 것이 다 기도였습니다. 기도의 자유함과 힘도 생겼습니다. 감사합니다. 주님.

50일의 기도 마지막 하루 전, 기도 가운데 성령님께서 한 장면을 보게 하셨습니다. 40~50cm 둥근 그릇, 깨끗한 물, 가운데 구렁이 같은 몸통, 아이의 팔뚝보다 굵고 윤기가 있는 둥근 원기둥

같은 물체가 그 그릇의 정 중앙에 고정된 그림이었습니다. 내 안에서 막힘의 답답함이 있었습니다. 그날 체해서 답답함인지, 내 안에 오래 묵은 뭔가가 있는지, 교회 안 성도들 안에 답답함이 있는 것인지, 그게 뭔지 알 수 없었습니다. 때가 되면 알게 해 주실 거라 믿고 기도했습니다. 50일의 기도가 끝난 다음 주, 코로나 격상 4단계 발표가 나면서 교회 안에서 예배드릴 수 없는 상황이 왔습니다. 예배 인원만 참석하여 예배드리는데 나는 다행히도 그날 광고 섬김을 맡은 지라 성전에 와서 예배드릴 수 있었습니다.

그런데 그날 목사님의 말씀을 들으며 깨달음을 주셨습니다. 나에게 보여주신 둥근 원 안에 막힌 구렁이 같은 모습은 바로 '예배'의 모습이었습니다. 하나님이 진정으로 원하시는 예배, 성도가 당연히 드려야 할 예배가 사탄의 역사로 가운데 핵심에 꽉 막혀있는 모습이었습니다. 나는 충격과 함께 예배가 얼마나 중요한지를 이전과는 비교할 수 없을 만큼 큰 깨달음을 주셨습니다. 이 시대의 예배, 우리나라의 예배, 많은 교회의 예배, 특히 나를 비롯한 개인과 가정의 예배를 뚫어 온전한 예배를 드려야겠다는 감동이 왔습니다. 그동안은 파주에서 김포로, 최선을 다해 드렸던 예배지만, 그렇게 중요함과 사명감까지는 아니었던 나의 마음에 예배의 불을 던져주셨습니다.

나는 그날부터 어떻게든 주일예배, 수요예배, 금요예배, 셀모임에 뜨거운 사모함과 간절함으로 파주에서 김포로 달려와 예배를 드리고 있습니다. 나에게 주신 첫사랑보다 더 뜨거운 예배를 통해 주님과의 만남에 사모함을 주신 성령 하나님 감사합니다.

이 시대 예배가 살아나고 우리나라 모든 교회의 예배가 살아나고, 가정의 예배가 살아나고, 공동체의 예배, 개인의 예배가 살아나게 하실 주님을 찬양합니다. 예배에 승리하여 모든 것에 승리하는 내가 되게 하실 예수님은 나의 주인이십니다.

아빠 아버지

정은진 청년

기적이 상식이 되는 50일의 기도를 통해 받은 몇 가지 은혜를 나누려고 합니다.

첫 번째, 나는 다른 사람들의 눈에 내가 괜찮은 사람, 좋은 사람, 착한 사람으로 보이고 싶었습니다. 그래서 내가 가진 것 이상으로 다른 사람들에게 잘해주며 에너지를 쏟았습니다. 하지만 나에게 돌아오는 건 서운함이나 상처가 많았습니다. 주위에서 나를 사교성이 좋고 붙임성이 좋다고 보시는 분들도 계시지만 나 나름은 항상 인간관계에 대한 고민이 있었습니다. 그러다가 목사님의 설교 중에 사울 왕이 하나님보다 사람에게 보이는 것에 중점을 두었다는 말씀을 들으며 섬광처럼 깨달음이 왔습니다. '사람 보기에 괜찮은 사람'이기 보다는 '하나님을 기쁘시게 하는 사람'에 초점을 두면 이 모든 것은 따라오겠다는 생각과 믿음이 들었습니다.

두 번째, 나는 외모가 중요했습니다. 지금은 살이 조금 쪘지만 불과 얼마 전까지 잘 안 먹고 먹더라도 칼로리를 계산하며 먹었습니다. 그리고 거울 보는 시간도 꽤 많았습니다.

사람은 외모를 보거니와 나 여호와는 중심을 보느니라
(삼상 16:7b)

어느 날 예배 중에 이 말씀을 듣고 내가 예쁘고 귀엽지 않아도 내가 주님 앞에서 내 마음을 늘 깨끗하게 하고 정결하게 한다면 어떨까? 그리고 내가 그분으로 인해 행복하다면 어떨까? 내 외모를 떠나서 내 얼굴이 해 같이 빛나겠다는 생각이 들었습니다. 그래서 나의 겉모습보다 마음이 보석 같은 사람으로 성장해야겠다고 생각했습니다.

세 번째, 나는 권위에 순종하는 것이 힘들었습니다. 내가 옳다고 생각했습니다. 그 권위의 주인공이 바로 나의 어머니이신데 어머니가 혼낼 만한 상황이고, 화낼 만한 상황에 혼내시는데 나는 그 자리에서도 어머니를 판단했습니다. '왜 저렇게까지?'라고 생각했습니다. 그러니 내 생각을 굽혀야 할 타이밍에 당연히 굽히지 못했습니다. 그러나 지나고 보니 그때는 내가 맞았다고 생각한 것들이 지금 생각해보면 '가장 미련한 행동 아니었나'라는 생각이 듭니다. 내가 1에서 끝날 수 있는 어머니의 분노 게이지를 퐁당퐁당 말대꾸하며 따져서 50, 100까지 올라가게 만든 것입니다. 어머니와 나는 스타일도 다르고, 나 또한 욱하는 것이 있어서 사실 아직도 많이 부딪힙니다. 그렇지만 하나님께서 목사님을 통해 내가 굽힐 수 있는 낮은 마음과 그런 상황에서 지혜를 구하는 기도를 해야겠다는 생각을 하게 되었습니다. 그래서 말씀 붙들고 나아갈 때마다 순종을 통해 오는 복과 질서를 잡음으로 오는 복을 받아 누리는 자가 되기를 소망합니다.

마지막으로 이것은 내게 가장 필요하고 살아가면서 매우 중요하다고 생각하여서 좀 깊게 생각해보았습니다. 나는 3개월 전 실수가 생각나면 부끄럽고 1달 전 실수가 생각나면 아주 수치스러웠습니다. 그리고 친구들이나 언니 오빠들이랑 아주 재밌게 놀고 나서도 집으로 돌아가는 버스 안에서 '내가 뭘 실수한 거 없었나? 아까 그 일은 내가 잘못한 거 같은데 사과해야 하나?' 생각하며 실제로 사과한 적도 많았습니다. 나는 그만큼 눈치도 많이 보고 자존감도 낮은 아이였습니다. 스스로 늘 나는 유년기도 어려운 성장 과정을 지냈고, 18살 때 크게 아프기도 했는데, 그때 관계의 단절이 많았으니까 그래서 나는 자존감을 높이고 싶지만 높일 수가 없다고 생각했습니다.

그런데 지금 생각해보니 그 유년기 그리고 성장 과정 그 상황 상황에서 사탄이 뿌려 놓은 미끼를 내가 붙잡고 5년, 10년 살아왔던 것 같습니다. 이제는 이렇게 속고 있는 건 아는데 어떻게 해야 내가 이렇게 오래 붙잡고 있던 것을 놓을 수 있을지 고민할 때, 이런 예가 떠올랐습니다.

우리 아버지는 나를 정말 예뻐하십니다. 내가 무엇이 필요할 땐 가장 좋은 것으로 센스 있게 선물해 주시는 아빠. 내가 연약해서 실수해도 아빠한테 가면 위로해 주시고 힘을 주는 아빠.

"괜찮아. 그럴 수 있지. 많이 속이 상했구나. 슬퍼하지 마. 넌 정말 멋진 아이야."

그리고 나를 위해 목숨까지 버릴 수 있는 육신의 아버지가 계셨습니다. 그런 딸바보 아버지가 내가 밖에 나가서 '저 사람이 왜 나를 저렇게 보지? 날 싫어하나? 저 사람은 왜 내 말을 끊지? 내 말이 듣기 싫은가?'라고 생각하며 사람 눈치 보는 사실을 알게 되면 얼마나 속상하고 답답하고 화가 나실까 생각해보았습니다. 그런데 이런 내 마음을 이야기해야만 아빠는 바로 아시잖아요.

하지만 영의 아버지이신 하나님께서는 내가 말하지 않아도 이미 다 아신다는 생각이 훅 들어왔습니다. 내 머리카락까지 세시는 분이신데, 나를 얼마나 사랑하시고 귀하게 여기시는데, 내가 사람을 이렇게 크게 보고 있다는 사실을 다 아신다는 생각에 너무 죄송한 마음이 들었습니다.

이번 50일의 기도 동안 주신 은혜를 깨달음에서 그치는 것이 아니라 삶에 적용하여 사람을 크게 보는 자 아닌 하나님을 경외하는 사람으로 성장하는 삶이 되고 싶습니다. 그리고 갈수록 좋아지는 사람이 되도록 노력하겠습니다. 부족한 나에게 깨달음을 주시고 동행하시는 아빠 아버지 하나님을 사랑합니다!

나의 주 나의 하나님

이국화 성도

이번 기적이 상식이 되는 50일의 기도가 시작될 때 '나도 예배에 참석해야지'라고 처음 마음먹기까지는 힘들었지만, 막상 예배의 자리에 나오니 더 좋았습니다. 교회 가는 길이 설레었고 찬양하고 말씀 듣고 기도하는 모든 것이 좋았습니다.

나의 남편은 믿음이 없는 사람이라 예배 끝나고 늦게 집에 가는 것에 대해 '남편이 뭐라고 하면 어쩌지?' 염려하고 걱정하는 마음도 있었습니다. 하지만 항상 예배가 끝나고 돌아가는 길은 주님께서 두려워하지 마라, 내가 너와 함께한다고 말씀하시는 것 같았습니다. 마음에 평안이 오고 알 수 없는 기쁨이 오니 언제 걱정했냐는 듯이 평안하게 집으로 돌아갈 수 있었습니다.

나는 몇 달 전부터 직장 상사에 대해 계속 힘든 마음이 있었습니다. 상사의 얼굴을 보는 것조차도 힘들 정도였습니다. 그래서 아침마다 '다른 사람의 티를 보지 말고 내 눈에 들보를 보자. 하나님이 모든 것을 다 지켜보고 계시니까 생각으로 마음으로도 죄짓지 말자.' 항상 이런 기도를 하며 출근했습니다. 그런데 막상 또 그 상황에 부딪히면 내 감정이 먼저 올라왔습니다. 감정을 누르는 것이 너무 힘들었지만 내 감정에 휘둘려 죄짓고 싶지 않은 마음이 있었기에 마음을 추스르고 기도했습니다.

'죄짓지 않게 해주세요. 내 마음을 다스려 주세요.' 이렇게 마음으로 기도하면 요동치던 감정이 조금씩 누그러졌습니다. 하지만 여전히 참 나약한 인간인지라 또 비슷한 상황을 직면할 때마다 감정이 또 올라옵니다. 입으로는 주님을 찾으면서 아직도 내 안에 내가 살아서 내가 주인 되어 행하는 모습들이 너무 싫었습니다.

그런데 돌이켜 생각해보니 예전에는 나의 모습들 하나하나를 깨닫지 못하고 살았는데 하루 동안의 나의 모습 하나하나가 다 눈에 들어왔습니다. 내가 주인 되어 살고 있는 모습들이 보였습니다. 그리고 예전 같았으면 그러한 상황에 하나님을 찾는 것조차 생각하지 못했을 텐데 가장 먼저 하나님이 생각났고 기도하는 나를 발견했습니다. 하나님께서 나를 잊지 말라고 너는 나를 떠나서는 살 수 없다고 그런 나의 모습을 생각나게 하신 것 같았습니다. 사실 아직도 내 안에 내가 너무 많습니다. 내 안에 내가 죽고 하나님만이 사는 그날을 위해 아마 천국 가는 그날까지 계속 깨어 훈련되어야 할 것입니다.

기적이 상식이 되는 50일의 기도가 너무 좋았기 때문에 나도 50일의 기도 주제처럼 리셋되고 싶었고 한순간에 그렇게 리셋될 것을 미리 예비해 두셨던 것 같습니다. 그래서 변화하지 못하는 나의 모습을 보며 더 속상했던 것 같습니다. 그런데 이러한 모습들을 통해 하나님이 언제나 지켜보고 있다는 것을 깨닫게 하신 것 같습니다. 하나님이 있는지 없는지도 모르고 내 마음대로 살아온 삶에서 이제는 하나님이 나의 주인이시라는 것을 깨닫게 하신 것 같습니다. 그리고 이것이 이번 50일의 기도를 통해 하나님이 나에게 주신 가장 큰 은혜임을 깨닫습니다.

믿음의 주요 또 온전하게 하시는 이인 예수를 바라보자
(히 12:2)

이 말씀을 붙들고 담대히 나아가길 소망합니다. 언제나 살아 계시고 내 곁에 계신 주님을 사랑하고 신뢰합니다.

Reset

조경은 청년

기적이 상식이 되는 50일의 기도를 앞두고 나는 육체적으로나 정신적으로나 많이 피곤한 상태였습니다. 하루 3시간씩 대중교통으로 출퇴근을 하며 일을 하다 보니 피로가 쌓여 있고 고3부터 시작된 허리 디스크 통증으로 인한 예민함 때문이었습니다. 그 가운데 간절한 나의 소원은 가정의 평안, 소통, 하나됨이었습니다. 게다가 결혼을 앞둔 터라 결혼 후 신랑과 함께 살 집이나 물질에 대한 염려와 부담감도 있어 답답했습니다.

예배를 참석하며 시 11:1, 잠 3:6의 말씀을 통해 좋은나무교회로 인도해 주신 하나님은 나의 불안과 흔들리는 마음, 분별하지 못하는 마음, 또 의심되는 마음을 내려놓고 내가 누구를 의지하며 인정해야 하는지를 알려주셨습니다. 그러나 이후에 오랫동안 아팠던 허리가 예배를 참석하면서 더 많이 아프고 힘들었습니다.

50일의 기도 기간 중 목사님께서 갑자기 허리가 아픈 사람 손들고 나오라고 하시고 안수기도를 해주셨습니다. 처음엔 믿음으로 취하지 못했는데, 목사님 설교 중 '믿고 가더니'(요 4:43-54)라는 말씀이 떠오르며 말씀을 믿고 갔을 때 병든 자가 나음을 입었음을 깨닫게 하셨습니다. 그러면서 나의 허리 통증은 점점 줄어들었고 하나님이 계속해서 치료해 주실 것을 믿음으로 생각하게 되었습니다.

결혼을 앞두고 나에게 있어 불가능처럼 보였던 아파트 분양이 당첨되었습니다. 정말 '불가능한 걸 하나님이 해주셨다'라고 말은 하면서도 계약금을 입금하는 일부터 여러 가지 상황마다 많이 흔들리는 나의 모습을 보게 되었습니다. 입주 시점에 잔금을 생각하면서 또 염려가 생길 때가 많았습니다. 50일의 기도 동안 이런 나를 너무나 잘 아시는 하나님께서 마태복음 6장 25절부터 34절까지 염려에 대한 교훈으로 내 생각을 내려놓고 살아계신 주님께 모든 것을 맡겨드리도록 은혜를 주셨습니다.

50일의 기도가 끝나기 바로 하루 전날 나에게 또 하나의 큰 은혜를 주셨습니다. 그날은 처음 찬양할 때부터 말씀을 듣는 내내 흐느낄 정도로 울음이 계속 나왔습니다. 목사님의 안수기도를 받은 후에는 더 슬픔의 눈물이 계속 흘러나왔습니다. 내 옆에 가깝게 여동생의 울음소리까지 같이 들리니 더 마음이 아팠고 무섭기까지 했습니다. 나도 여동생도 어릴 적부터 깊이 묻혀있던 아픔과 슬픔이 모두 눈물로 녹아서 나오는 듯했습니다. 우리 마음에 어둠이 떠나가고 이후에 이루 말할 수 없는 평안을 느꼈습니다.

그 뒤 감은 눈 사이로 작은 빛이 보이기 시작했습니다. 푸르른 초원에서 하나님이 양손을 붙잡고 있는 두 아이가 보였습니다. 나와 내 동생인 듯, 정말 행복해 보였고 맑은 웃음이었습니다. 그러고는 나의 중학교 시절 어두운 밤에 집에 걸어가며 길이 무서워 우는 모습과 함께 그때 하나님을 생각하며 찬양을 부르면서 집으로 향했던 모습을 생각나게 하셨습니다. 하나님께서 나는 이때가 좋았다라고 말씀하시는 듯했습니다. 아마도 어둡고 무섭고 막막해도 하나님을 찾는 그 모습이 예뻐 보이셨나 봅니다. 하나님이 함께 하시며 보호하시는 주님의 사랑을 느꼈습니다.

이번 50일의 기도 동안 나의 기준이 '나'에서 '주님'으로 바뀌게 해주시고, 나를 '초기화, reset' 시켜주시는 은혜를 경험하게 하셨습니다. 그리고 나는 다 맡긴 줄 알았는데 이제야 진짜 주님께 맡기는 법을 알았습니다. 이제는 나를 온전히 하나님께 맡겨드립니다. 나의 모든 염려도 맡겨드립니다.

하나님은 나의 육신의 아픔도, 영혼의 아픔도 다 치유하시는 분이며 나의 모든 염려도 이미 아시고 가장 좋은 것으로 필요를 채워주시는 분임을 늘 기억하며 항상 무시로 하나님을 생각하겠습니다. 심령 깊숙이 청소된 곳을 세상 것이 아닌 하나님께서 원하시는 말씀과 기도와 큐티 묵상 그리고 예배로 순종하며 채워 나가겠습니다. 주님이 함께하시는 내가 되기를 바라고 기도합니다. 나보다 나를 더 잘 아시고, 더 사랑하시고, 더 잘 되기를 원하시는 예수님은 나의 주인이십니다.

시선을 바꾸다

홍지혜 성도

나는 주님의 은혜로 믿음의 어머니 밑에서 교회와 가정에서 자연스럽게 성경을 듣고 배우며 자라났습니다. 하나님은 고등학교 시절 청소년수련회에서 나를 만나 주셨고, 목 아래부터 엉덩이 위까지 완치 불가능한 물방울 건선이라는 피부질환을 깨끗하게 완치시켜주셨습니다. 하나님이 살아계심을 경험했으면서도 결혼과 출산으로 인해 신앙생활이 다시 수동적이고 무미건조한 교회 생활로 바뀌고 말았습니다.

그러다 3년 전 좋은나무교회가 세워졌고 호기심에 입당예배에 참석한 후 등록하게 되었습니다. 처음 등록하고 주변 성도님들과 지체들이 말씀을 통해 새롭게 바뀌고 변화되는 모습을 보았습니다. 내심 왜 하나님은 저분들은 만나 주시면서 나는 안 만나 주시는 걸까? 하는 부러움과 동시에 부담감을 가졌습니다. 하지만 지금 와서 보니 주님은 나에게 3년이라는 시간 속에서 이슬처럼 잔잔히, 천천히, 그렇지만 촉촉하게 내리시는 은혜를 주셨다는 것을 깨닫게 되었습니다. 지금도 옛 습관적인 신앙생활을 다 버리지 못한 연약한 성도이지만, 50일의 기도 동안 깨닫고 느낀 것을 나누겠습니다.

　첫 번째로 천국의 모형인 교회와 가정에서 천국을 경험하라는 말씀으로 남편에 대한 내 시선을 바꾸어 주셨습니다. 나는 어린 나이에 엄마가, 아내가 되었고, 가정이 왜 귀한지, 남편이 왜 소중한지 모르고 살아왔습니다. 물론 사랑 없는 팍팍한 결혼생활이었으니 남편에 대한 기도도 잘 나오지 않았습니다. 남편은 항상 나에게 피해만 주는 존재, 내 삶을 무너트리는 존재라 여기며 미움과 절망 속에 살아왔던 것 같습니다.

　그러나 매시간 가정의 중요성을 강조하시는 목사님의 말씀을 들으며 내 안에 강한 찔림이 왔고 그동안 아내에게 질책만 듣고 무시당하며 살아온 남편의 마음을 이해하게 되었습니다. 내가 얼마나 이기적이고 믿음의 본을 보이지 못한 아내였는지 회개하게 되었습니다. 늘 아이들에게만 집중되어 있던 내 눈이 남편을 향하게 되었고 긍휼함과 사랑이 생겨났습니다.

　두 번째로 우울증과 강박증이 나날이 좋아지고 있습니다. 나는 정신과 치료가 시급할 만큼 청소, 정리의 강박과 만성적인 우울증이 심했고, 남편과 시어머니는 내게 정신과 치료를 받으라는 권면을 하기도 했습니다. 스스로도 심각성을 느꼈지만 멈출 수 없었고 몸도 맘도 피폐해져 갔습니다. 그런데 교회에 나와 말씀에 은혜받고 목사님의 말씀처럼 사소한 것부터 감사를 찾고 나니 내 안의 어두운 그늘이 점점 벗겨짐을 느끼면서 늘 바쁘고 초조했던 마음도 서서히 여유로움으로 채워져 갔습니다. 아직 증상들이 전부 좋아진 것은 아니지만 주님께서 계속 내 마음을 만지심과 고치심을 믿고 있기에 나날이 좋아질 것이라 확신합니다.

아직까지 갈 길이 멀고 흠도 많은 성도이지만 사랑과 기도로 섬겨 주시는 목사님, 교회 성도님들께 감사합니다. 지금까지 많은 은혜를 주신 예수님, 앞으로 더 풍성한 은혜를 주시며 천국으로 인도하실 예수님은 나의 주인이십니다.

결단하다

신영아 집사

얼마 전에 바닥에 있는 줄에 걸려서 넘어지는 바람에 왼쪽 엄지발가락이 골절되는 사고가 있었습니다. 넘어지는 순간 아차 하는 생각이 있었습니다. 내가 한쪽 발은 세상에 두고 있는 나의 모습을 발견하게 되었습니다.

담임목사님께 안수기도를 받은 후 리더님과 이야기를 나누게 되었습니다. 리더님이 나의 마음에 '발가락 골절된 부분은 시간이 지나면 나을 거야' 하는 마음과 '기도 받는다고 빨리 낫고 안 받는다고 늦게 낫나' 하는 두 가지 생각이 있는 것 같다고 하셨습니다. 발가락 골절을 하나님이 낫게 해주지 않으시면 어떻게 하실 거냐고 이 또한 하나님이 치료해 주실 것을 믿음으로 취하라고 권면하셨습니다. 정말 내 마음을 들킨 것처럼(아니 들켰습니다.) 부끄러웠지만 내색은 하지 않았습니다. 하나님이 치료해 주셔야 한다는 것을 깨닫고 믿음으로 취했습니다.

일주일 후 병원을 가서 엑스레이를 찍고 확인을 받았습니다. 이 부위는 예후가 좋지도 않고 시간이 오래 걸리며 잘 붙지 않는 부분인데 사진상 좋다고 조금 붙었다고 의사 선생님께서 말씀하셨습니다. 감사가 저절로 나왔고 믿음으로 취했더니 기적을 보여주셨습니다. 하나님이 일하셨습니다. 낫는 동안 출퇴근을 카풀 해주시겠다는 직장 동료와 교회 올 때마다 픽업해 주시는 집사님이 계셔서 하나님의 사랑을 많이 느끼게 되었습니다.

우리 가정이 김포로 이사하여 좋은나무교회를 나오게 되었는데 편안하면서도 마음에 중심을 정하지 못하고 나 혼자 이방인이라고 생각하고 있을 때, 교육 목사님께서 나를 조용히 부르셨습니다. 나의 뒤통수를 보시고 집사님이 이렇게 신앙생활을 하고 살 사람이 아닌데 한쪽은 세상에 발을 옮겨 놓고 은혜를 받기는 하나 뚝 떨어뜨리고 있는 것이 보여진다고, '내가 집사님과 대화를 많이 한 것도 아니고 친한 것도 아닌데 권면을 해야 하나?'라는 마음에 많이 망설이시다가 권면하신다고 하셨습니다. 그리고 덧붙여 "예배 참석 잘하고 집사님만 잘하면 됩니다. 힘쓰고 애쓰면서 혼자 많이 외로웠겠네요." 하시는데 갑자기 눈물이 고였습니다. 심장이 쿵 하면서도 위로가 되었습니다. 그때 나의 신앙생활을 또 되돌아보게 되었습니다.

그 후 일주일에 한 번 새벽을 깨워보자 결단하게 되었고 실천하기 위해 노력했습니다. 권면해 주신 교육 목사님의 마음이 더 힘드셨을 것을 알기에 그때부터 교회 가기 싫은 날은 가야 하나 말아야 하나를 갈등하지 않고 가는 길로 결단하고 예배에 더 집중하게 되었습니다. 앞에서는 담임목사님이 뒤에서는 교육 목사님이 지켜보고 계셔서 도망갈 곳이 없다는 생각을 했습니다. 권면도 잘 받아들일 줄 아는 하나님이 쓰시는 깨끗한 그릇이 되길 소망해 봅니다.

우리가 뜻을 정하면 하나님이 길을 여신다는 목사님의 말씀을 듣고 50일의 기도는 끝까지 승리하리라 뜻을 정하고 결단했더니 시간과 환경을 열어주시고 승리하게 하셨습니다.

믿음의 주요 또 온전하게 하시는 이인 예수를 바라보자
(히 12:2)

예수님만 바라보고 가는 예수님 중심의 삶, 하나님을 선명하게 보고 가는 은혜가 임하기를 소망합니다. 내 삶의 주인 되신 예수님은 나의 주인이십니다.

배추를 거꾸로 심는 순종

양진영 집사

어릴 때부터 신앙생활을 하던 나는 남편 직장을 따라 여러 도시를 이사 다니다가 파주에 와서 좋은나무교회(구, 새창조교회)를 만났습니다. 신앙생활을 어릴 적부터 했던 나는 내가 배워왔고 경험했던 신앙의 경륜을 확신하는 부분이 있습니다. 그래서 교회 등록한 초기에는 내가 그전에 배워왔던 말씀의 내용과 다르다는 내 생각으로 부딪히거나 판단하기도 했습니다. 그러나 하나님 편에서 올바른 말씀을 선포하시는 목사님의 가르침으로 참된 복음을 배우고 믿음의 선배들의 권면으로 행복한 신앙생활을 하게 되었습니다.

처음에는 남편 직업의 특성으로 다시 지역을 옮길 수도 있었습니다. 하지만 끝까지 함께 신앙생활을 하고 싶다는 것을 바람으로만 가지고 있었습니다. 그런데 하나님께서는 예상하지 못한 일로 남편을 퇴직하게 하셨고, 타의에 의해서 지역을 옮기지 않아도 되는 상황을 만들어 주셨습니다. 교회가 파주에서 김포로 성전 건축하여 이전할 때도 너무나 당연하게 교회를 따라 이사를 왔습니다. 새 성전에서 주어진 직분을 감당하며 나름 신앙생활을 열심히 한다고 생각했습니다.

그런 우리 부부에게 100% 순종하지 않는다는 말씀을 자주 하셨습니다. 이해가 되지 않았지만 나름 순종하고자 방법도 찾고 나를 점검하며 노력도 했습니다. 그러나 계속 순종이 안 된다고 하시니 참 답답했습니다.

이런 상황에서 기적이 상식이 되는 50일의 기도가 시작되었습니다. 하나님께서 우리 부부를 만지시고 회복시켜 주셔서 50일의 기도 주제처럼 '리셋'시키셨다고 간증하는 주인공이 되는 기대를 가지고 참여했습니다. 그런데 예배 기간 중반쯤 되어 도리어 남편은 교회를 떠나게 되는 상황이 되었습니다. 너무 혼란스러웠습니다. 하나님이 하실 것이라는 믿음으로 기도했는데 나의 기대와는 달리 도리어 상황은 더 악화되어 갔습니다.

나는 하나님께 울며 교회를 떠날 수 있도록 길을 열어주시고 상황을 만들어 달라고 기도했습니다. 이렇게 기도하는 중에도 마음 한구석에 양심은 있어서인지 '내 생각대로 마시고 하나님이 말씀하시는 대로 순종하겠습니다' 하고 기도 마지막에 짧게 덧붙였습니다. 하나님께서는 나의 힘든 마음을 아실 테니 위로해 주시며 무언가 다른 방법을 주실 거라고 기대했습니다.

하지만 기도할 때마다 하나님께서는 내 생각이 틀렸다고 하시고 좋은나무교회에 머물러 있으라는 생각만 주셨습니다. 이렇게 하나님의 허락이 없으니 교회를 떠날 수는 없고 남아있자니 원망의 마음 때문에 평안이 없었습니다. 더욱 기도밖에 할 수 없었습니다. '하나님께서 좋은나무교회가 내가 있을 곳이라고 해서 머무는데 너무 힘듭니다. 내 마음의 원망을 제거하시고 진정으로 이해하고 사랑하지 않으면 해결될 수 없습니다.' 하고 기도했습니다.

하나님께서는 종교의 경륜은 있지만 자라지 않는 어린아이 신앙이었던 나에게 하나씩 하나씩 가르쳐 주고 계셨습니다. 내 시선이 사건에만 묶여 있기에 내 생각 속 원망에 빠져 인생의 주관자이신 하나님의 뜻을 보지 않고 있음을 생각나게 하셨습니다. 그리고 내 생각이 확실히 맞다 해도 또는 세상 사람이 다 맞다 해도 하나님께서 아니라고 하면 아닌 것임을 깨닫게 하셨습니다. 내가 주인이 되어 판단하고 정답인 양 답을 정해놓고 내 뜻대로 되지 않는다고 분노하고 있는 어리석은 죄인임을 회개하게 하셨습니다.

그리고 내가 생각한 시기가 아니라 하나님의 때에 따라 하나님께서 남편을 회복시키시고 돌아오게 하실 것을 다시 기대하게 하셨습니다. 다시 시작된 50일의 기도를 드리며 우리 가족을 온전히 회복시키시고 연합하여 혹시 우리처럼 어려움을 겪는 가정이 있으면 도울 수 있는 가정으로 세우시기를 기도 제목으로 두고 예배를 드렸습니다. 하나님께서 목사님 설교를 통해 계속해서 가르쳐 주셨습니다. 민수기 말씀처럼 내 생각과 맞지 않으면 마음이 상하고 주의 종이 틀렸다고 말하는 것이 바로 하나님을 틀렸다고 말하는 것임을 알게 하셨습니다. 너무나 악하고 교만한 모습임을 가르쳐 주셨고 감사하지 않는 것도 교만의 다른 모습임을 말씀하셨습니다.

또한, 하나님께 대한 믿음과 주의 종에 대한 신뢰는 별개이고 하나님께만 잘하고 순종하면 된다고 생각했던 모습들이 보여졌습니다. 50일의 기도 동안 하나님께서는 바로 이 생각을 지적하시면서 내가 이제까지 순종하는 듯하지만, 순종하지 않는다고 들었던 부분이 이것이라는 깨달음을 주셨습니다.

하나님께서는 사람을 통해 일하시는데 특별히 영적 리더를 통해 이끌어 가신다는 것입니다. 혹시 주의 종이 잘못된 판단을 한다 할지라도 나의 영적 리더로 하나님께서 세우셨으니 그것은 하나님이 책임지실 일이지 잘못되면 어쩌나 하는 걱정은 내 몫이 아니라는 것입니다. 목사님 말씀처럼 배추를 거꾸로 심으라면 심는 흉내라도 내는 것을 하나님께서 기뻐하시고 그것이 겸손이라고 하셨습니다.

결국은 순종하는 척하는 율법적인 겉모습이 아니라 나의 마음가짐과 태도가 잘못되었다는 것을 회개하게 하셨습니다. 하나님께서는 나를 회복시키시는 방법으로 영적 리더에 대한 순종이라는 부분을 만지셨고 영적 성장과 축복의 시작이라는 것을 말씀하셨습니다.

깨닫게 되었다고 갑자기 모든 생각이 떠나는 것은 아니었습니다. 작은 구멍이 막혔다가도 불쑥 열리고 사탄이 또 모함하기도 합니다. 그럴 때마다 어느 선교사님의 간증처럼 예수, 보혈, 구원을 선포하며 사탄의 생각을 쫓아냅니다. 그리고 그 구멍을 감사로 막고 있습니다. 감사로 채울 때 성경 말씀처럼 평안과 희망이 채워짐을 경험합니다.

우리 목사님께서는 아이들의 이름에 멋지게 의미를 부여하십니다. 나도 내 이름에 의미를 부여해 보았습니다. 내 이름은 보배 진에 빛날 영의 뜻을 가지고 있습니다. '질그릇인 내 안에 보배 되신 예수님을 모셔 빛나게 하는 사람'으로 의미를 부여했습니다. 지금의 모습은 비록 부족하지만, 주님 앞에서 엠블레포로 나의 주인이신 주님을 기쁘시게 하는 사람으로 쓰임 받게 하실 것을 미리 감사드립니다.

오직 믿음으로

박민기 집사

나는 어린 시절부터 주님을 만나 하나님의 자녀가 되었습니다. 그리고 4년 전 결혼하여 아내가 다니던 교회로 출석하다가 코로나로 인해 온라인 예배를 드리고 있었습니다. 아내와 나는 온라인 예배로 채울 수 없는 영적인 갈급함을 느꼈습니다. 집 근처 출석할 수 있는 교회를 알아보던 중 좋은나무교회로 하나님께서 인도하셨습니다.

등록하고 담임목사님께서 우리 부부를 위해 기도해주셨는데, 그때 우리는 그 자리에서 주체할 수 없는 울음을 펑펑 쏟아냈습니다. 몸도 마음도 지쳐 있던 우리 부부는 강단에서 선포되는 말씀을 통해 하나님의 위로와 사랑을 느끼게 되었습니다. 그리고 지나온 모든 시간 속에 하나님께서 함께 하셨다는 것을 알게 되었습니다.

그러던 중 기적이 상식이 되는 50일의 기도가 시작되었습니다. 하루는 목사님께서 척추나 관절이 아픈 사람은 잠시 일어나 보라고 하셨습니다. 나는 고등학생 때 친구들과 농구 경기를 하다가 사고로 다친 이후로 목과 허리가 안 좋아 뛰는 운동은 하지 못했습니다. 거기에다 최근 몇 년 동안은 어깨와 고관절 무릎까지 아파서 청소나 물건 정리 등 일상의 평범한 일을 하고도 아파서 며칠 누워있어야 하는 경우가 많았습니다. 목사님께서 안수 기도를 해주셨습니다. 나는 지금까지 나의 아픔을 하나님께 고쳐 달라고 기도하지 않았습니다. 내 병 낫기를 위해서 기도하는 것이 기복신앙인 것만 같았기 때문입니다. 내 문제를 가지고 하나님과 대화하지 않았기에, 하나님 앞에서 내 문제가 정리되지 않았기에, 몸이 점점 고장 나고 안 좋은 부분이 생길수록 그것이 나의 기쁨과 감사와 믿음을 빼앗아가는 사탄의 통로가 되었습니다.

내 문제를 하나님께 내어놓지 않으니 그만큼 하나님을 인정하지 않는 부분이 생기게 되었습니다. 하나님을 인정하지 않는 생각의 방식이 점차 다른 부분으로까지 확대되어 문제 앞에서 염려하고, 걱정하고, 하나님의 능력을 의지하기보다는 사람의 방법을 신뢰하는 뿌리 깊은 불 신앙의 체질로 변해가고 있었습니다. 담임목사님께서 안수기도를 해주셨을 때, 이런 저의 뿌리 깊은 불 신앙을 발견하게 되었습니다. 내 모든 염려, 아픔과 질병도, 자녀를 갖기 원하는 우리 부부의 소원도, 모두 살아계신 하나님께 맡기기를 하나님은 원하시는데 지금까지 내가 주인 되어서 하나님을 신뢰하지 못했던 것입니다.

전능자이신 하나님께서 지금도 살아계심을 믿는 믿음. 나 같은 죄인을 살리시려고 자신의 독생자를 십자가에 죽기까지 아낌없이 내어주신 하나님 아버지의 사랑에 대한 믿음. 나는 그리스도와 함께 십자가에 죽었고, 이제는 그리스도께서 내 안에서 사셔서 내 인생을 이끌어가시는 주인이심을 믿는 믿음. 나의 생명이 하나님의 손에 있고 내 모든 삶이 하나님의 계획안에 있음을 믿는 믿음. 인생의 풍랑 속에서도 감사를 잃지 않을 때 아무도 모르는 나의 작은 신음에도 응답하시는 신실하신 주님을 믿는 믿음. 내가 약할 때 강함으로 주님의 도구로 사용하실 것을 믿는 믿음. 성령의 충만함을 주서서 주님의 증인으로 살아가게 하실 것을 믿는 믿음. 이 세상 달려갈 길을 다 마친 후에 저 천국에서 만날 주님을 사모하는 믿음. 아브라함처럼 단련하셔서 마침내 믿음의 사람으로 완성 시켜 나가실 주님을 믿습니다. 이 믿음으로 하나님을 기쁘시게 해드리는 자가 되기를 원합니다.

50일의 기도 이후 나에게 찾아온 변화는 염려와 걱정 불안으로 가득했던 내 마음에 평안이 찾아왔다는 것입니다. 하나님이 하시면 된다는 믿음이 생기자 내 무거운 짐이 가벼워졌습니다. 주일 말씀과 저녁 예배 말씀이 내 마음을 깊이 감동하였습니다. 예배를 통해 말씀과 기도가 살아나며 내 안에 하나님이 주시는 힘이 생겼습니다. 아내와 함께 예배를 드리면서 우리 가정의 주인도 주님이시라는 것과 천국의 기쁨을 가정에서 누릴 수 있음도 알게 해 주셨습니다. 하나님께서 원하시면 우리 가정에 새 생명을 하나님의 선물과 기업으로 주실 것을 믿습니다.

내 몸의 연약한 부분도 주님께서 고쳐주실 것이라 믿습니다. 몸의 아픈 부분 때문에 더 이상 마귀에게 틈을 주지도 않을 것입니다. 오히려 깨지기 쉬운 질그릇 같은 내 안에 계신 보배 되신 주님을 의지하고 바라보는 기회로 삼을 것입니다.

하나님은 50일의 기도를 통해 은혜를 주시면서 교회 찬양팀에서 찬양으로 주님을 섬길 수 있는 은혜도 주셨습니다. 음악적 실력은 하나도 없지만, 주님이 주시는 능력과 은혜로 주님이 받으시는 찬양의 도구가 되어 쓰임 받는 것이 축복임을 감사하며 순종합니다. 모든 것을 움켜쥐고 있었던 나의 힘을 빼고 주인 되신 주님께 맡겨드리게 되었습니다. 머리카락 하나도 내 힘으로 희거나 검게 할 수 없기에 하늘과 땅을 만드신 창조주 하나님께 항복하고 주님을 의지하기로 결단했습니다.

나를 만나 주시고 지금까지 내 삶을 인도해 주신 주님께서는 나의 남은 인생도 인도해 주시리라 믿습니다. 나를 위해 죽으시

고 부활하셔서 지금 이 순간에도 은혜와 평강을 주시고 다시 오
실 예수님은 내 영혼의 구주이시며 내 삶의 주인이십니다.

찬송하게 하려 함이니라

김혜숙 권사

기적이 상식이 되는 50일의 기도 주제는 '위로'였습니다. '무엇으로 주님이 우리를 위로해 주실까?' 하는 기대하고 설레는 마음으로 임했던 50일의 기도. 결국 위로는 우리가 주님께 붙어있으므로 그분이 어떤 분인가를 알아갈 때, 그리고 수고하고 무거운 짐을 주님께 맡길 때, 진정한 위로를 받게 되는 것은 아닌가 생각해 봅니다.

문제의 한복판에 있을 때 수없이 말씀하셨던 말씀들이 문제를 비교적 쉽고 가볍게 풀어지게 하는 열쇠가 될 때가 많았습니다. 그럼에도 주님께서는 문제와 사건을 통해 일하시고 고난과 시련을 통해 주님이 어떤 분이신지 나타내실 때가 많은 것을 경험했기에 주님을 신뢰함이 생긴 것에 감사합니다. 설레는 마음으로 시작된 50일의 기도는 말씀 들으면서 진짜 이렇게 행복해도 되나 싶을 정도로 하루하루 말씀마다 감동을 주셨고 눈물도 주셨습니다.

그러던 중 교회 찬양인도자의 공석이 생기게 되었습니다. 그동안 찬양인도자들이 워낙 실력이 출중해서 뒤에서 찬양하던 나는 어쩌면 포기했었는지도 모릅니다. 그저 찬양하는 것이 좋으니까 또 10년 넘게 찬양팀 생활을 하다 보니 습관처럼 서게 되었고, 그저 나이가 들어서도 찬양팀의 일원으로 섬기면 좋겠다는 생각으로 있었던 것 같습니다. 그런데 갑자기 공석이 되어버린 인도자의 자리를 내가 대신 서야만 하는 상황이 되었습니다.

내가 그 자리를 감당해야 한다는 부담감이 밀려오면서 말씀의 은혜를 받았던 심령은 온데간데없이 사라지고 걱정과 두려움 속에서 2주를 섬겼습니다. 몸이 떨리고 목은 말라버리면서 성대는 쪼여오니 더 못하는 나의 노래 실력이 유튜브로 실시간 가감 없이 송출되었습니다. 인도자이기 때문에 가장 큰 볼륨으로 들려지는 것 등의 여러 가지 이유가 나를 덮쳐오기 시작했습니다. 마치 벌거벗고 회중들 앞에 서 있는 것 같았습니다. 2년 동안 쓰고 있는 마스크 속 화장기 없는 나의 얼굴처럼 가면 속에 가려져 있었던 나의 민낯이 드러난 기분이었습니다.

그런 상황 가운데에서 찬양 팀을 급하게 4팀으로 결성할 수 있었으나 이번엔 새로 세우신 다른 팀장들과의 실력이 비교되기 시작했습니다. 내 마음이 이러하다 보니 사람들이 별 뜻 없이 하는 말들도 다 마음에 걸리기 시작했습니다. 그 와중에 힘들어하는 내 모습을 보신 교육 목사님의 말씀이 나를 더 바닥으로 끌어당겼습니다.

"찬양은 좀 그렇지만 권사님은 영성으로 끌고 가잖아요."

분명 칭찬이셨을 그 말 속에서도 '찬양은 좀 그렇지만'이라는 말이 머릿속을 맴돌기 시작했습니다. 나의 내면의 생각과 일치되었기 때문입니다. 하루하루 이 문제가 나를 쪼여오고 설 수도 없고 안 설 수도 없는 복잡한 시간 속에서 잊고 있었던 가장 중요한 한 가지가 생각났습니다.

'누가 주인인지? 아! 주님이 주인이시지? 주님이 다 알고 계시지?' 주님이 세우신 거라면 주님이 내 실력 다 아시고 계신다는 사실입니다. 그리고 수없이 나를 위로했었던 주님의 음성은 나의 재능을 받으신 것이 아닌 나의 중심을 받으셔서 기쁘셨다는 주님의 음성이 생각났습니다. 그냥 내 모습 이대로 기쁘셨다는 그 음성에 하염없이 눈물이 났습니다.

또한, 찬양인도자는 회중들이 찬양을 잘할 수 있도록 인도하는 직분이었음을 새롭게 알게 하셨습니다. 오랜 시간 이 자리에 섰었기에 결핍의 순간에 메꿀 수 있는 도구일 수 있었던 것도 은혜였습니다. 하나님의 약속을 믿었지만, 그저 감나무에서 감이 떨어지기만을 바랐던 나의 모습. 내가 할 일을 내가 할 때 하나님은 하나님의 일을 하십니다! 수없이 선포했었는데 정작 내가 할 일을 못 했던 나의 모습을 보게 하셨습니다. 콘티가 나오면 미리 찬양을 많이 듣고 인도자의 자리에 있으니 가사를 깊이 묵상하기 시작했습니다.

　나는 하나님이 세우신 사람! 나의 찬양을 하나님이 기뻐하신다는 사실! 여전히 다리는 떨렸고 목은 말라왔지만, 나의 찬양을 기뻐하시는 주님께 힘껏 찬양할 수 있었습니다. 여전히 실력은 없었습니다. 그런데 지체들에게 뭔가 달라졌다는 말을 들으며 혼자서 또 피식 웃음이 나왔습니다. 나는 하나님의 완벽한 계획을 이미 눈치챘기 때문입니다. 온 천지 만물을 지으시고 지금 이곳에 계시고 나를 사랑하시는 분을 영원히 찬양합니다.

이 백성은 내가 나를 위하여 지었나니 나를 찬송하게
하려 함이니라(사 43:21)

예배의 우선순위

임예진 청년

기적이 상식이 되는 50일의 기도를 통해 시험공부에 관한 2가지 은혜를 주셨습니다.

첫 번째는 중간고사입니다. 50일의 기도를 시작한다 하셨을 때 시험 일정과 맞물려 있는 날짜를 보며 염려와 불편한 생각이 들어왔습니다. 공부할 시간도 부족한데 어떻게 매일 교회에 나와서 늦게까지 예배드리나 싶었습니다. 처음 시작하는 날부터 나는 큰 관문을 만났습니다. 저녁 예배 시간은 다가오는데 공부는 아직 끝나지 않았고 갈 길이 멀기에 예배를 빠지고 싶었습니다.

예배 시간이 다가오자 교회에 오라는 어머니의 전화를 받으며 가기 싫은 불편한 마음을 드러냈습니다. 예배보다 시험이 우선이었고, 은혜보다 성적이 먼저였습니다. 예배를 드리는 내내 시험을 생각하면 불편한 마음이 있었고 언제 끝나나 시계만 보았습니다. 설교 후 안수기도를 받을 때 시험 보는 것에 눌리지 않게 해달라는 기도 제목을 말씀드렸습니다. 그러자 목사님께서는 네가 하려고 해서 그런 거라는 말씀을 해 주셨습니다. 솔직한 마음으로 '공부를 내가 하지 누가 하나?'라는 생각이 들었습니다. 열심히 공부한 것이 다 머리에 들어오지 않았는데 시험을 봐야 한다는 불안감과 압박감이 나를 짓눌렀습니다.

그래도 매일 예배에 나와 말씀을 듣고 기도를 받으며 첫날 알려주신 대로 내가 하려 하지 않고 맡겨드리겠다고 기도하며 공부를 시작했습니다. 그런 나의 작은 행동을 보고 하나님께서는 은혜를 베푸셨습니다. 새벽의 짧은 공부 시간에 지혜와 집중력을 주시고 시험 성적도 투자 시간 대비 말도 안 되는 성적을 나에게 주셨습니다. 심지어 교수님께서 다른 친구들에게 '모르는 거 있으면 예진이한테 물어보면서 공부해라' 하실 정도였습니다.

두 번째는 기말고사입니다. 지난 중간고사보다 시험 범위가 많고 내용도 깊어서 약간의 걱정을 하고 있었습니다. 그런데 50일의 기도가 끝나고도 매일 저녁 예배가 있다고 말씀하셨습니다. '아! 내 공부 어떻게 하라고!' 화장실 들어갈 때랑 나갈 때랑 다르다고 중간고사 때 주신 은혜는 점점 잊혀 가고 있었습니다. 그때 목사님께서 마태복음 11장 28절 말씀을 여러 차례 선포해 주셨습니다.

수고하고 무거운 짐 진 자들아 다 내게로 오라 내가 너희를
쉬게 하리라(마 11:28)

나에게 있어 무거운 짐은 무거운 책가방과 성적이었습니다. 좋은 성적을 받아야 했고 누가 혼내는 것도 아닌데 내 욕심을 위해 아등바등 애를 썼습니다. 공부하면서도 보람차고 기쁜 것이 아니라 무거운 짐을 나 홀로 지고 견디다 못해 쓰러지는 상황이었습니다. 기도하시는 어머니가 자꾸 내 귓가에 '네가 시험 보는 것이 누굴 위한 것이니?'라는 질문으로 하나님 영광을 위해 하는 것임을 강조해주셨습니다. 그때 지난번 중간고사 때 은혜의 하나님이 떠올랐습니다. 진짜 내가 한 것이 아니었고 하나님의 은혜였습니다.

은혜를 되짚어 보며 저녁 예배에 참석하는 것에 상관없이 하나님께 기도로 맡겨드리며 공부를 시작했습니다. 눌리는 것이 하나도 없이 부담 없이 편안하게 시험 봤습니다. 다른 친구들이 과락하면 어떡하냐고 할 때도 '절대 아니야. 과락 같은 건 없다!' 하며 조바심 내지 않았습니다. 공부가 완벽하게 다 된 것도 아닌데 누가 보면 기말고사에 완벽하게 대비한 사람 같았습니다.

하나님은 하나님을 의지하는 나에게 지혜를 주셔서 시험을 볼 때 답이 눈에 보였고 어려워했던 과목도 편안하게 풀게 하셨습니다. 예배를 드려도 다른 사람들 공부한 것보다 더 거두게 하실 하나님을 믿으며 참석했습니다. 평소 나는 신앙의 말을 하는 사람이 아닌데 예배를 마치고 집으로 가는 길에서 어머니께 "어머니, 나는 하나님께서 시험 기간마다 더 강하게 역사하시네요. 이

젠 진짜 알겠어요."라고 고백했습니다.

이번 50일의 기도 때 비염이 낫는 은혜도 주시고 말씀으로 은혜도 받게 하셨습니다. 그럼에도 불구하고 하나님을 나타내는 확실한 증거를 달라며 눈에 보이는 것을 더 믿는 나에게 하나님께서는 '이래도 안 믿을래?' 하시며 증거를 내 눈앞에 가져다 놓으셨습니다. 앞으로는 눈에 보이지 않아도 믿음으로 먼저 반응하고 하나님을 더욱더 인정해 드리는 내가 되고 싶습니다. 나의 삶을 인도해 주시고 이끌어주시는 예수님은 나의 주인이십니다.

마음을 잡아라

조인한 성도

기적이 상식이 되는 50일의 기도를 통해 하나님께서 내 삶에 개입해 주신 은혜가 있었습니다. 딸 아이가 검정고시를 보고 중학교 입학을 위해 원서를 써야 하는 상황이었습니다. 예배 전에 초등학교 선생님이신 집사님께서 오늘이 중학교 원서 마감일인데 원서를 쓰지 않았느냐고 물어보셨습니다. 나는 기한이 남아 있다고 알고 있었기에 쿨하게 웃으며 지나갔습니다. 하지만 내 속에서 뭔가 스멀스멀 올라오고 가슴이 팔딱팔딱 뛰기 시작했습니다. 그리고 쏜살같이 오만가지 생각들이 들락날락하기 시작했습니다.

'내가 뭔가 잘못 알고 있었나? 이러다 우리 딸 중학교 입학 못 하면 어쩌지? 난 그동안 뭐 하고 있었지? 이러고도 엄마인가?'라는 두려움과 자책하는 마음이 찾아왔습니다. 예배에 집중하지 못하고 핸드폰으로 교육청 홈페이지를 들어가 찾기 시작했습니다. 목사님 설교하시는 중에 찔리기는 하지, 내 마음은 바쁘지, 우왕좌왕하는 가운데 식은땀이 흐르기 시작했습니다.

마음대로 되지 않으니 이번에는 생각의 화살이 다른 쪽으로 향했습니다. 담당 선생님이 했던 말들이 굴절되어 내게 달려들더니 원망의 마음이 들어왔습니다. '선생님은 진작 좀 알려주시지. 마감하고 알려주나?' 다음날 토요일 다른 방법을 찾아보려고 가까운 집사님과 통화를 하게 되었는데 '전날 밤에 등본만 떼어 놨어도 할 수 있었을 텐데 아깝네요.'라는 말이 나에게는 걱정이 아닌 본인과는 상관없다는 듯한 말투로 느껴지는 것이었습니다.

월요일 교육청에 연락해보니 검정고시 대상자들은 지난주 금요일까지가 아니라 월요일인 오늘부터 접수한다는 것을 알게 되었습니다. 급하게 서류를 준비하여 다행히 접수를 잘할 수 있었습니다. 그리고 불편함을 느꼈던 그 집사님께 연락을 드렸습니다. 평소 '때문에'가 아닌 '덕분에'라는 언어를 사용하라는 목사님의 말씀을 생각하며 돌이켜 감사의 인사를 전했습니다.

그 후 놀라운 이야기를 듣게 되었습니다. 시기를 놓쳐버려 꼬여버렸다고 생각했던 상황 속에서 교육청에 전화하게 되었고 교육청에 신청할 수 있었기에 일반배정으로 집 앞 가까운 학교에 배정받게 되는 기회를 주신 것이었습니다. 그때야 난 정말 내가 얼마나 굴절된 눈과 생각으로 세상과 사람을 바라보고 사는지 알게 되었습니다. 그랬습니다. 나는 마흔이 다 되어가도록 세상을 이렇게 삐딱하게 굴절된 눈과 생각으로 바라보며 살았습니다. 그러다 사람과의 관계를 끊어버리기가 일쑤였던 사람입니다.

그런 나에게 50일의 기도 직전에 목사님께서 자신이 무엇을 붙잡아야 할지를 기도하라고 하셨는데, 그때 눈을 감자마자 예수님께서 동그랗게 오린 줄 노트를 반으로 접어서 나에게 주시는 그림을 보여주셨습니다. 그것을 펴보니 그곳에는 '마음'이라는 두 글자가 적혀있었습니다. '아! 이게 그런 거였구나.' 하나님께서는 이렇게 연약한 나의 마음을 잘 잡아야 한다는 것을 미리 환상으로 보여주셨습니다.

하나님은 내 자녀의 진로뿐 아니라 우리의 모든 길을 가장 좋은 길로 인도해 주시는 분이십니다. 나보다 나를 더 잘 아시고 더 사랑하시는 주님, 언제나 옳으신 하나님은 나의 주인이십니다.

Wait

방희곤 목사

기적이 상식이 되는 50일의 기도가 시작되었습니다. 금번 주제는 '위로'입니다.

우리의 모든 환난 중에서 우리를 위로하사 우리로 하여금
하나님께 받는 위로로써 모든 환난 중에 있는 자들을
능히 위로하게 하시는 이시로다(고후 1:4)

환난 중에 위로하신다는 말씀이 3번 나옵니다. 2년 동안 코로나 19로 인하여 어려움이 있었으니 하나님이 주시는 위로는 평안과 소망이었습니다.

나의 고난 중의 위로라 주의 말씀이 나를 살리셨기
때문이니이다(시 119:50)

하나님은 나에게도 말씀으로 소망과 위로를 주셨습니다. 지난 날 불신자였던 나는 결핵성습성늑막염으로 오랫동안 고통을 당했으나 예수님 믿고 기도 가운데 치유를 받았습니다. 또 수년 전에는 뇌경색이 와서 위경 가운데 있을 때 또 하나님은 나를 찾아

오서서 고쳐주셨습니다.

이번 50일의 기도에서 나의 기도 제목은 탈모가 회복되는 것이었습니다. 50일 동안 작정 기도가 끝났는데 머리카락은 여전히 회복되지 않았습니다. 그러나 말씀으로 또 위로받습니다.
1. 그리 아니하실지라도 다니엘의 세 친구와 같이
2. 어인이 찍힌 것을 알고도 사자 굴에 끌려가는 것을 알고도 전에 행하던 대로 기도하고 감사했던 다니엘이 생각났습니다.
그러므로 감사하며 계속 기도할 것을 다짐했습니다.

기도의 응답은 3가지로 봅니다. Yes, Wait, No! 이번 저의 기도는 Wait입니다. 기다리는 것입니다. 가나 혼인 잔칫집에 포도주가 떨어졌을 때 마리아가 예수께 포도주가 없다고 하시니 아직 내 때가 이루어지지 않았다고 하셨습니다. 모든 일에는 때가 있습니다.

조급해하지 않고 인내함으로 때를 기다립니다. 사실 작게는 탈모를 기도 제목으로 올렸지만, 매일 새벽마다 매일 저녁 하나님께 부르짖는 기도는 정말 우리나라를 위해 기도하게 됩니다. 또 교회를 위해 기도합니다. 그리고 나뿐 아니라 모든 가족의 구원을 위해 간절히 기도합니다. 하나님이 사랑하시는 우리나라, 우리 좋은나무교회, 그리고 믿지 않는 가족의 영혼 구원. 하나님이 더 사랑하시고 더 잘 아시기에 하나님이 가장 좋은 때에 가장 좋은 응답으로 은혜와 축복을 주실 것을 믿기에 날마다 감사하며 기도합니다.

50일의 기도와 예배에 많은 성도가 담임목사님의 말씀에 은혜 받고 변화 받고, 치유 받으며 기쁨이 충만하여 소망을 갖게 되고 하나님께 감사하는 것을 봅니다. 매일 모이기에 힘쓰는 교회, 가르침을 잘 받고 순종하는 교회, 기도에 힘쓰며 합력하여 선을 이루는 아름다운 공동체. 하나님의 인도함을 받아 좋은나무교회에서 신앙생활 할 수 있는 것에 감사드립니다.

the 위로

2022년 11월 15일 · 제1판 1쇄 발행

지 은 이 | 좋은나무교회
일러스터 | 한승희
펴 낸 이 | 이성현
발 행 처 | 선교횃불
등 록 일 | 1999년 9월 21일 제54호
주　　　소 | 경기도 김포시 김포한강8로 173-71
연 락 처 | 031.8049.0675

좋은나무교회 www.goodtreech.com